자신만만 과학책

물 리

자신만만 과학책 물리

2010년 1월 25일 2판 1쇄 발행
2017년 9월 15일 6쇄 발행

지은이 | 정창훈
그린이 | 이철원
펴낸이 | 김기옥
펴낸곳 | 봄나무
영업 | 김선주
편집디자인 | 박대성
등록 | 제313-2004-50호(2004년 2월 25일)
주소 | 121-839 서울시 마포구 양화로 11길 13(서교동, 강원빌딩 5층)
전화 (02) 325-6694 | 팩스 (02) 707-0198
이메일 | info@hansmedia.com

도서주문 | 한즈미디어(주)
주소 | 121-839 서울시 마포구 양화로 11길 13(서교동, 강원빌딩 5층)
전화 (02) 707-0337 | 팩스 (02) 707-0198

ⓒ 정창훈, 2010
ISBN 978-89-92026-49-9 73420

* 이 책은 《영재들의 과학노트 - 물질과 힘》을 재출간한 것입니다.
* 이 책 내용의 일부 또는 전부를 재사용하려면 반드시 저작권자와 봄나무 양측의 동의를 얻어야 합니다.
* 이 책에 실린 사진 일부는 저작권자를 찾지 못한 채 쓰였습니다. 뒤에 연락해 주시면 합당한 사용료를 드리겠습니다.
* 책값은 뒤표지에 나와 있습니다.

자신만만 과학책

정창훈 지음 | 이철원 그림

머리글

중요한 것은 답이 아니라 그 답을 조리 있게 설명하는 것!

'하나를 보면 열을 안다.'는 속담이 있어요. 사물의 일부를 보면 전체를 알 수 있다는 뜻이지요. 또 매우 영리한 사람을 두고 하는 말하기도 해요. 많은 것을 배워야 하는 우리들, 정말 하나를 보고 열을 알게 된다면 얼마나 좋을까요?

사실 우리 주변의 모든 사물이나 현상은 서로 긴밀하게 연결되어 있어요. 그러니 그것들의 관계를 세심하게 들여다보고 잘 이해하기만 하면 이것저것 모두 알게 되는 거예요.

기압과 수압을 생각해 보세요. 수압은 물이 누르는 힘이에요. 수심이 깊어질수록 수압이 높아지지요. 또 수압은 사방에서 똑같은 힘으로 작용해요. 그런데 수압을 확실히 이해하면 기압은 저절로 알게 되어요. 물과 공기라는 물질만 다르지 그 속에 숨은 원리는 비슷하거든요.

우리는 공기의 바다에 살고 있어요. 그것도 맨 밑바닥에서 말이에요. 그러니 수압이 무엇인지 알고 있다면, 고도가 높아질수록 기압이 낮아진다는 사실은 저절로 알 수 있지 않겠어요? 또 수압과 마찬가지로 기압도 사방에서 똑같은 힘으로 작용해요.

　그뿐만이 아니에요. 물속에서 부력이 작용해 물체가 둥둥 뜨는 것처럼, 공기 속에서도 부력이 작용해요. 그래서 공기보다 가벼운 기체를 채운 풍선이 둥둥 뜨는 거예요.

　물론 하나를 보고 열을 알기 위해서는 꼭 새겨 두어야 할 것이 있어요. 하나를 알더라도 확실히 알아야 한다는 것이지요. 수압이 무엇인지 확실히 알아야 기압도 저절로 알게 되지 않겠어요?

　답을 고르는 것보다 더 중요한 것은 원리를 설명하는 힘이에요. 부지런히 노력해서 하나를 확실히 알면 열을 알게 될 거예요. 또 열을 확실히 알면 백을 알게 되겠지요. 이렇게 차근차근 지식을 쌓아 나가다 보면 어느새 과학이 자신만만해지는 즐거움을 느낄 수 있을 거예요.

　이 책은 2007년에 《영재들의 과학노트 - 물질과 힘》이라는 제목으로 세상에 나왔는데 《자신만만 과학책 - 물리》라는 새 이름을 달고 다시 출간되었어요. 이 책을 읽고 과학이 자신만만해진 어린이들이 많아지면 좋겠습니다.

2010년 1월 정창훈

차례

1 코끼리와 생쥐, 누가 많이 먹을까? 9
가루 녹이기 와 액체의 증발

2 나무도막은 왜 물에 뜰까? 31
기압과 수압과 부력

3 달은 어떻게 빛날까? 49
빛의 반사와 달의 모양 변화

4 열을 가하면 왜 부피가 커질까? 75
열과 물질의 상태 변화

5 소리는 어디에서 더 빠를까? 95
소리의 성질과 빠르기

6 야구배트의 과학 113
수평 저울과 지레

7 투해머는 어디로 날아갈까? 131
힘과 운동

8 공짜 에너지를 얻을 수 있을까? 151
일과 에너지

9 전선 근처에서는 나침반이 왜 움직일까? 169
전기와 자기

10 불의 정체는 무엇일까? 187
연소와 소화

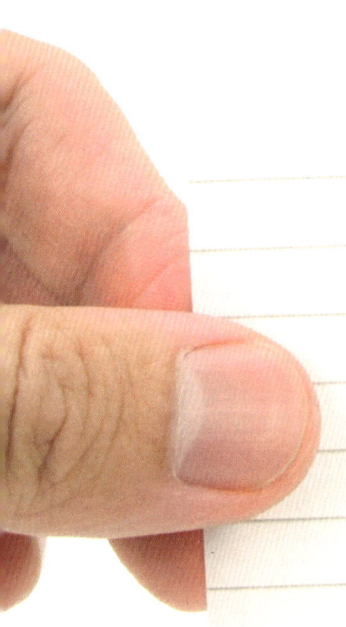

1
코끼리와 생쥐, 누가 많이 먹을까?

가루 녹이기와 액체의 증발

● **코끼리와 생쥐들의 먹기 대회**

　미국에 사는 우리나라 교포 이선경 님은 먹기 대회 챔피언이에요. 이선경 님은 6분 40초 동안 삶은 달걀 65개를 먹는가 하면, 32분 동안 닭 날개 167개를 먹어 여러 대회에서 우승을 했어요. 그런데 이선경 님은 몸무게가 45kg밖에 안 되는 가냘픈 몸매를 가지고 있어요. 이처럼 작은 몸으로 많은 음식을 먹는 사람도 있지만 대식가는 대부분 몸집이 아주 커요.

코끼리처럼 덩치가 큰 동물은 하루에 과일이나 풀을 60kg이나 먹어요. 그에 비해 생쥐처럼 작은 동물들이 먹는 음식의 양은 아주 적지요. 자, 오늘은 코끼리와 생쥐가 먹기 시합을 했어요. 그런데 한 가지 조건이 있어요. 코끼리 한 마리와 생쥐 한 마리가 시합을 하면 당연히 코끼리가 이기잖아요. 그러니 코끼리 한 마리와 그 무게에 해당하는 생쥐 여러 마리가 먹기 시합을 한다고 생각해 봐요.

어떻게 보면 모든 문제의 답은 뜻밖으로 쉬워요. 코끼리가 이기든 생쥐가 이기든 그런 사실만 알고 있으면 되니까요. 하지만 정말 중요한 것은 그 답을 조리 있게 설명하는 거예요. 어떤 현상을 곰곰 생각해 보고, 그 원인을 알아내려고 노력하는 것이야말로 이 책에 꼭 담겨 있어야 할 것들이지요.

? 코끼리 한 마리와 코끼리의 무게와 같은 여러 마리의 생쥐가 먹기 시합을 한다면, 어느 쪽이 더 많이 먹을까요?

1 수는 적지만 덩치가 훨씬 큰 코끼리가 많이 먹는다.

2 덩치는 작지만 여러 마리의 생쥐들이 더 많이 먹는다.

● 선, 면적, 부피의 비례 관계

수학 시간에는 도형을 배우기도 해요. 선과 선분, 삼각형과 사각형이 무엇인지 배우고, 길이와 면적과 부피를 계산하기도 하지요. 과학을 배우는데 왜 수학 이야기를 하냐고요? 수학은 과학을 하는 데 아주 중요한 도구예요. 특히 도형은 여러 가지 자연 현상을 설명하는데 큰 도움을 주기도 해요. 도형이 어떻게 과학에 도움을 주는지 지금부터 알아보기로 해요.

크고 작은 쇠구슬 2개가 있어요. 큰 쇠구슬의 지름은 작은 쇠구슬의 2배예요. 그렇다면 큰 쇠구슬의 무게는 작은 쇠구슬 무게의 몇 배일까요? 지름이 2배이니까 무게도 2배라고요? 그렇지 않아요. 무게는 무려 8배나 되지요.

어떻게 그럴 수 있냐고요? 지금 답을 말해 줄 수도 있지만 우리에게 정말 중요한 것은 답이 아니라 생각하는 힘이에요. 그러니 답을 알기 전에 먼저 차근차근 설명을 들어 보세요. 그러다 보면 답은 저절로 알게 될 거예요. 다음의 도형 퍼즐부터 시작해 볼까요?

(가)처럼 한 변의 길이가 1m인 정사각형이 있어요. 이 정사각형과 모양이 똑같으면서 면적이 2배인 정사각형을 그려 보세요.

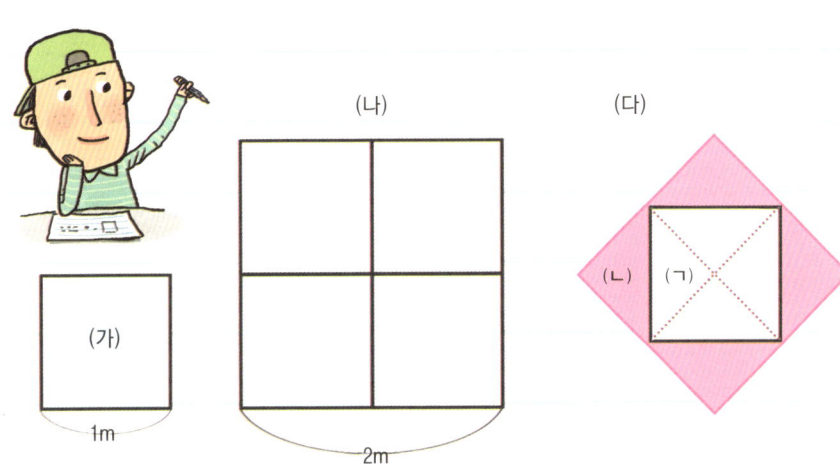

한 변의 길이를 2m로 그리면 된다고요? 그렇게 하면 (나) 같은 정사각형이 되기 때문에 (가)와 같은 정사각형 4개가 만들어져요. 답은 (다)처럼 만들어야 해요. (가)의 정사각형을 4개의 삼각형으로 나누고, 그 삼각형 4개를 작은 정사각형 밖에 붙이는 거예요.

삼각형 (ㄱ)의 면적과 (ㄴ)의 면적은 같아요. (가)의 정사각형은 이런 삼각형 4개로 이루어져 있고, 분홍색 정사각형은 이런 삼각형 8개로 이루어져 있어요. 그러니 분홍색 정사각형은 (가)의 정사각형의 2배가 되지요. 여기에서 중요한 것은 면적이 2배인 정사각형을 만드는 방법이 아니에요. 다음과 같은 길이와 면적의 관계를 꼭 알고 있어야 해요.

"도형의 모양을 유지한 채 길이를 2배로 늘이면 면적은 4배 늘어난다!"

도형의 모양을 유지한 채
길이를 □배 늘이면
면적은 □×□배 늘어난다!

만일 정사각형의 한 변의 길이를 3배 늘이면 면적은 어떻게 될까요? 작은 정사각형이 모두 9개 만들어지니까 면적은 9배가 되지요. 그런데 4는 2×2이고, 9는 3×3이군요. 그러니까 우리는 여기에서 길이와 면적의 관계를 좀 더 일반적으로 나타낼 수 있어요.

"도형의 모양을 유지한 채 길이를 □배 늘이면 면적은 □×□배 늘어난다!"

이제 길이를 몇 배로 늘이면 면적이 몇 배로 늘어난다는 것을 쉽게 알 수 있어요. □ 안에 숫자만 넣어 계산하면 되는 거예요. 길이를 5배 늘이면 5×5는 25이니까, 면적은 25배가 되지요. 길이를 100배 늘이면 100×100은 1만이니까, 면적은 1만 배 늘어나는 거예요.

자, 이번에는 길이와 면적의 관계를 부피로 확장해 볼까요? 다음 그림의 (가)처럼 한 변의 길이가 1cm인 각설탕이 있어요. 이 각설탕을 쌓아 (나)처럼 한 변의 길이가 2cm인 각설탕을 만들려고 해요. 각설탕은 모두 몇 개나 필요할까요? 다음 그림에서 (나)의 각설탕의 수는 모두 8개예요.

　이런 식으로 한 변의 길이가 3cm인 각설탕을 만들려면 모두 27개의 각설탕이 필요해요. 8은 2×2×2의 값과 같고, 27은 3×3×3의 값과 같아요. 따라서 길이와 부피의 관계를 다음처럼 나타낼 수 있지요.

　"도형의 모양을 유지한 채 길이를 □배 늘이면 부피는 □×□×□배 늘어난다!"

　지금까지 길이가 늘어날 때 면적과 부피가 어떤 비율로 늘어나는지에 관한 아주 중요한 법칙을 배웠어요. 이 법칙은 자연 현상을 설명할 때 아주 막강한 힘을 발휘해요. 이제부터 그것을 한번 알아보도록 할게요.

● 사탕을 천천히 먹으려면?

막대사탕은 어린이나 어른이나 모두 좋아하는 간식이에요. 여러분은 막대사탕을 어떻게 먹나요? 대부분은 사탕을 입 안에서 굴리며 단물을 빨아먹어요. 그런데 성격이 급한 사람은 와드득 깨물어서 사탕을 조각내어 먹기도 하지요. 사탕을 조각내면 단맛은 더할지 모르지만 금세 녹기 때문에 어떤 어린이는 천천히 빨아먹는 친구를 쳐다보며 부러워하기도 해요.

그런데 사탕을 깨물어 조각내면 어째서 빨리 녹는 것일까요? 육면체의 각설탕을 예로 들어 설명해 볼게요.

다음 그림처럼 한 변의 길이가 2cm인 각설탕이 있어요. 이 각설탕을 한 변의 길이가 1cm인 각설탕으로 쪼개면, 작은 각설탕 8개로 나뉘지요. 각설탕의 무게는 쪼개기 전과 후에 변하지 않아요. 그럼 '표면적'은 어떻게 변하는지 살펴볼까요? 계산하기 편하도록 단위는 생략할게요.

큰 각설탕의 한 면의 면적은 2×2, 즉 4예요. 각설탕에는 면이 6개가 있으니까 각설탕 전체의 표면적은 4×6, 즉 24예요. 이번에는 작은 각설탕의 표면적을 구해 봐요.

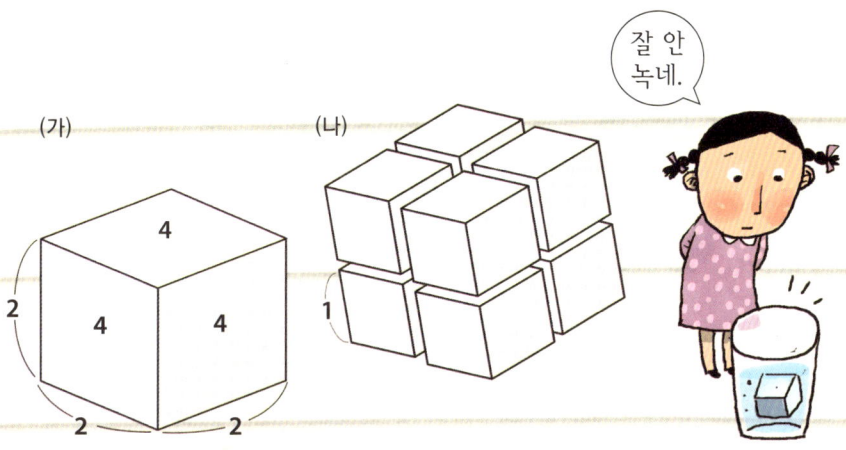

작은 각설탕의 한 면의 면적은 1×1, 즉 1이에요. 그러니까 작은 각설탕 하나의 전체 표면적은 1×6, 즉 6이 되지요. 그렇다면 작은 각설탕 8개의 전체 표면적은 6×8, 즉 48이에요. 각설탕을 쪼갰더니 표면적이 늘어난 거예요. 그럼 표면적이 늘었기 때문에 빨리 녹은 것일까요? 맞아요.

어떤 물체가 물에 녹으려면 그 물체의 표면이 물에 닿아야 해요. 또 물에 닿은 면적이 클수록 빨리 녹아요. 그래서 물체를 쪼개면 물에 빨리 녹는 거예요.

이번에는 길이와 면적과 부피의 관계를 이용해 이 문제를 풀어 볼까요? 먼저 작은 각설탕과 큰 각설탕의 모양을 잘 비교해 보세요. 큰 각설탕은 작은 각설탕의 한 변의 길이를 2배로 늘인 모양이에요. 모양은 그대로 유지한 채 말이에요. 이때 물에 빨리 녹는 것은 큰 각설탕일까요, 아니면 작은 각설탕일까요?

먼저 크기가 같은 다음 2개의 각설탕 중 어느 것이 먼저 녹을지 생각해 봐요. 이 그림은 이해를 쉽게 하려고 옆에서 본 모습을 그린 거예요. (나)의 각설탕은 (가)의 각설탕에 비해 표면적이 넓기 때문에 물에 닿는 면적이 넓지요. 그래서 (나)의 각설탕이 (가)의 각설탕보다 더 빨리 녹아요.

큰 각설탕과 작은 각설탕은 어느 것이 더 빨리 녹을까요? 작은 각설탕이 빨리 녹는다고요? 꼭 그렇다고 볼 수는 없어요. 각설탕이 녹는 속도는 크기뿐 아니라 표면적에 따라 달라지니까요. 다시 말해 크기가 다른 2개의 각설탕의 녹는 속도를 비교하려면, 크기에 비해 표면적이 얼마나 넓은지 알아야 한다는 거예요.

이제 알았죠? 문제는 표면적이에요.

먼저 큰 각설탕의 부피와 표면적을 비교해 봐요. 큰 각설탕의 부피는 가로와 세로와 높이를 곱한 값, 즉 8이에요. 표면적은 앞에서 계산한 것처럼 24예요. 그러니까 큰 각설탕의 표면적은 부피에 비해 3배라고 말할 수 있지요.

작은 각설탕의 부피는 $1 \times 1 \times 1$, 그러니까 1이에요. 또 표면적은 6이지요. 그러니까 작은 각설탕의 표면적은 부피에 비해 6배가 되는 거예요.

어때요? 부피에 비해 표면적이 넓은 것은 작은 각설탕이라고 할 수 있지요? 따라서 우리는 다음처럼 말할 수 있을 거예요.

'작은 각설탕은 큰 각설탕보다 부피에 비해 표면적이 넓기 때문에 물에 빨리 녹는다!'

● **빨래를 빨리 말리려면?**

물체의 모양을 유지한 채 길이를 늘이면 부피에 비해 표면적이 좁아져요. 그와 반대로 길이를 줄이면 부피에 비해 표면적이 넓어지지요. 길이와 면적과 부피의 이런 관계를 확실히 이해하면 많은 자연 현상을 설명할 수 있어요. 사탕을 깨물어 조각내면 빨리 녹는 이유는 작은 조각이 큰 조각보다 부피에 비해 표면적이 넓기 때문이에요. 이번에는 물 같은 액체의 증발에 대해 알아보기로 해요.

 바닷물에는 소금이 많이 녹아 있어요. 염전은 바닷물을 증발시켜 소금을 남기는 곳이지요. '염전(鹽田)'이라는 말은 소금밭이라는 뜻이에요. 염전은 바닷물이 가득 차 있는 밭처럼 생겼어요. 그런데 염전의 바닷물은 아주 얕아요. 그래야 바닷물이 빨리 증발하거든요. 얕은 물이 빨리 마른다! 이 현상을 과학적으로 설명해 볼게요.

 물을 이루는 작은 알갱이를 '분자'라고 해요. 물 분자는 아주 활발하게 움직여요. 하지만 물 분자들은 서로 끌어당기기 때문에 멀리 달아나지는 못해요. 그런데 물에 열을 가하면 물 분자들의 움직임이 더욱 활발해져서 서로 끌어당기는 힘을 이기고 멀리 달아날 수 있어요. 그래서 물을 끓이면 물 분자가 수증기로 변해 날아가는 거예요.

 물을 끓이지 않을 때에도 물 분자가 조금씩 공기 속으로 날아가기도 해요. 이런 현상을 '증발'이라고 하지요. 물의 증발은 어디에서 많이 일어날까요? 물과 공기가 접하고 있는 부분, 즉 수면이에요. 수면이란 물의 표면적을 말해요. 그러니까 수면이 넓을수록 물이 빨리 증발할 수밖에 없지요.

다음처럼 같은 양의 물을 깊이가 다른 2개의 그릇에 담았어요. 어느 쪽의 물이 빨리 증발할까요? (가)의 물은 깊이가 깊고 수면이 좁아요. (나)의 물은 깊이가 얕고 수면이 넓어요. 그러니 같은 양의 물이라도 수면이 넓은 (나)의 물이 먼저 증발하게 되지요. 공기와 접하는

면적이 넓으니까요.

우리 주변에는 이렇게 설명할 수 있는 현상이 참 많아요. 빨래도 둘둘 말거나 뭉쳐서 말리는 것보다 쫙 펼쳐서 말려야 해요. 고추나 생선을 말릴 때에도 될 수 있으면 넓게 펼쳐야 하지요. 그렇게 해야 표면적이 넓어져서 습기가 빨리 날아가거든요.

● 추울 때는 몸을 웅크리게 되지요

개구리나 뱀 같은 동물은 날씨가 추워지면 겨울잠을 자요. 겨울잠을 자는 뱀을 본 적이 있나요? 텔레비전이나 과학 잡지에서 보면 겨울잠을 자는 뱀들은 여러 마리가 서로 엉겨 붙어 있어요. 그 이유도 부피와 표면적의 관계를 이용해 설명할 수 있어요. 물체의 표면적은 열의 이동과도 관계가 깊거든요.

물체의 따뜻하고 차가운 정도를 '온도'라고 합니다. 한 물체라도 온도는 변해요. 물체를 데우면 온도가 올라가고 식히면 온도가 내려가요. 과학자들은 물체의 온도를 높이고 내리는 원인을 '열'이라고 해요. 물체에 열을 더해 주면 온도가 올라가고, 물체에서 열을 빼앗으면 온도가 내려가는 거예요.

손을 찬물에 넣었을 때를 생각해 보세요. 이때 열은 따뜻한 손에서 찬물 쪽으로 이동해요. 그런데 열의 이동은 어디에서 일어날까요? 바로 손과 찬물이 접한 부분이에요. 다시 말해 손의 표면에서 일어나는 거예요. 그러니까 당연히 손의 표면적이 넓으면 열의 이동이 빨라지고, 손의 표면적이 좁으면 열의 이동이 느려져요.

손을 펼쳤을 때와 주먹을 쥐었을 때, 어느 경우에 손의 표면적이 넓

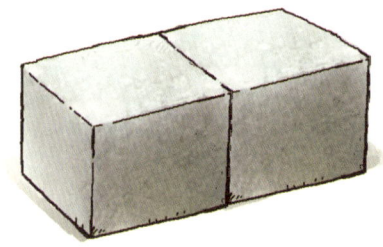

표면적 : 12   표면적 : 10

을까요? 당연히 손을 펼쳤을 때 표면적이 넓어요. 그렇기 때문에 여름에는 손을 펼쳐야 시원해지고, 겨울에는 주먹을 쥐어야 덜 추워지지요. 날씨가 추운 겨울에는 몸을 웅크리게 되고, 날씨가 더운 여름에는 몸을 펴게 되어요. 이제 그 이유를 알겠지요?

그럼 다음 그림을 보고 겨울잠을 자는 뱀들이 서로 엉겨 붙는 이유를 설명해 볼게요. 한 변의 길이가 1cm인 각설탕의 표면적은 앞에서 계산한 것처럼 6이에요. 그러니까 이 각설탕 2개의 표면적은 12가 되지요. 그런데 이 각설탕 2개를 서로 붙여 봐요. 서로 붙인 각설탕의 표면적은 10이 되어요. 각설탕을 붙이면 따로 떨어져 있을 때보다 표면적이 좁아지는 거예요.

각설탕을 뱀이라고 생각해 봐요. 뱀들이 서로 엉겨 붙으면 따로 떨어져 있을 때보다 표면적이 좁아져요. 그렇기 때문에 몸에서 열이 덜

빠져 나가지요. 즉, 뱀들은 겨울잠을 잘 때 체온을 효율적으로 유지하려고 서로 엉겨 붙어서 표면적을 좁게 만드는 거예요.

  난방 기구는 겨울잠을 자는 뱀과 달리 열을 빨리 전달해야 해요. 이때에는 표면적이 넓어야 하지요. 혹시 '방열판'을 본 적이 있나요? 흔히 라디에이터라고 하는 방열판은 열을 내서 실내를 따뜻하게 해 주는 기구예요. 이 방열판에는 여러 개의 얇은 판들이 많이 달려 있어요. 이렇게 만들면 커다란 하나의 덩어리로 만들었을 때보다 표면적이 넓어져요. 그래서 주변의 공기를 빨리 데울 수 있지요.

● 생쥐는 코끼리보다 대식가

　지금까지 알아본 내용으로 코끼리와 생쥐의 먹기 대회에 관한 결론을 내리기에는 뭔가 조금 부족한 것이 있어요. 그것은 생물이 체온을 어떻게 유지하는가에 관한 문제예요.

　동물은 체온을 유지하는 방식에 따라 변온 동물과 정온 동물 두 가지로 나뉘어요. '변온'이란 체온이 변한다는 뜻이고, '정온'이란 체온이 변하지 않는다는 뜻이지요. 뱀이나 개구리, 악어 같은 동물은 변온 동물이에요. 그래서 체온이 주변의 온도에 따라 변하지요. 물론 주변의 온도가 아주 낮거나 높으면 아무리 변온 동물이라도 죽을 수밖에 없어요. 변온이란 체온이 어느 정도 변할 수 있다는 뜻이거든요.

　변온 동물은 주변의 온도가 어느 정도 내려가면 자신의 체온을 그 온도에 맞추어요. 그래도 죽지 않지요. 하지만 변온 동물도 체온이 너무 낮으면 움직일 수가 없어요. 그래서 악어 같은 동물은 체온을 높이기 위해 양지바른 곳에서 햇볕을 쬐는 거예요. 아마 악어 같은 동물이 바위에 엎드려 햇볕을 쬐는 장면은 동물 다큐멘터리에서 많이 보았을 거예요.

그런가 하면 정온 동물은 스스로 체온을 유지할 수 없으면 죽게 됩니다. 동물들의 털이 겨울에 많아지는 이유도 체온을 유지하려는 거예요. 하지만 햇볕을 쬐거나 털을 만들어서 체온을 정상으로 유지하기는 힘들어요. 변온 동물이나 정온 동물이 체온을 유지하는 가장 확실한 방법은 바로 음식을 먹는 거예요.

  우리가 먹은 음식은 몸속에서 소화되어 여러 가지 영양소로 변해요. 이 영양소는 몸을 자라게 하고, 움직이게 하고, 생각하게 하며, 체온을 유지하게 하지요. 그런데 지금 우리의 관심은 체온이니까 여기에서는 체온만 생각하기로 해요.

  자, 동물은 물속이나 공기 속에서 살아요. 수온이나 기온은 체온보다 낮기 때문에 동물의 몸에서는 언제나 열이 빠져 나가지요. 열이 빠져 나가면 체온이 떨어져요. 그래서 동물은 음식을 먹어 빠져 나가는 열을 만들어 보충함으로써 체온을 유지해야 해요.

  여기에서 잠시 생각해 봐요. 열이 빠져 나가는 속도는 무엇에 좌우될까요? 바로 몸의 표면적이에요. 몸의 표면적이 넓으면 공기에 닿는 면적이 넓어서 열이 빨리 빠져 나가잖아요. 다시 말해 몸의 크기에 비해 몸의 표면적이 넓은 동물일수록 열을 빨리 내보내는 거예요. 그러니 그런 동물일수록 음식을 많이 먹어서 열을 보충해야 하겠지요?

　자, 이제 거의 결론에 도달했어요. 몸의 크기에 비해 몸의 표면적이 넓은 동물일수록 음식을 많이 먹는다. 그런 동물은 큰 동물일까요, 작은 동물일까요? 각설탕의 예에서 알아보았듯이 몸집이 작을수록 몸의 크기에 비해 몸의 표면적이 넓어요. 그러니 결론이 뭐겠어요? 몸의 크기를 감안하면 생쥐가 코끼리보다 많이 먹는다는 거예요. 정말 그럴까요?

　코끼리의 무게는 보통 4톤쯤 된다고 해요. 1톤이 1,000kg이고, 1kg이 1,000g이니까 4톤이면 4백만g이에요. 생쥐의 무게는 보통 40g쯤 된다고 하니, 생쥐 10만 마리의 무게가 코끼리 한 마리의 무게에 해당하지요. 그러니까 문제는 코끼리 한 마리와 생쥐 10만 마리가 먹기 시합을 할 때 어느 쪽이 더 많이 먹느냐는 거예요.

코끼리는 하루에 과일이나 풀을 60kg쯤 먹는다고 했어요. 생쥐처럼 작은 동물은 하루에 자신의 몸무게의 4배는 먹어야 한다는군요. 그렇다면 생쥐의 식사량은 하루에 160g쯤 되는 셈이에요. 따라서 코끼리 한 마리의 무게에 해당하는 생쥐 10만 마리는 하루에 16톤의 음식을 먹어야 한다는 셈이에요.

물론 이것은 단순히 무게와 표면적의 비율만 생각해서 계산한 결과예요. 코끼리와 생쥐는 여러 가지로 다르기 때문에 정확하게 계산하려면 모든 조건을 다 생각해야 해요. 하지만 코끼리의 몸무게에 해당하는 여러 마리의 생쥐는 코끼리보다 더 많이 먹는다는 사실은 확실해요. 그것은 생쥐는 코끼리보다 몸무게에 비해 표면적이 훨씬 넓기 때문이지요.

2
나무도막은
왜 물에 뜰까?
기압과 수압과 부력

● 나무도막을 뜨게 만드는 힘은?

물속에만 들어가면 꼬르륵 가라앉는 사람을 흔히 '맥주병'이라고 합니다. 하지만 맥주병의 주둥이에 물이 들어가지 않도록 막아 보세요. 물에 둥둥 잘 뜰 거예요. 물론 맥주병의 주둥이로 물이 들어가면 꼬르륵, 물거품을 내며 가라앉기 시작해요. 속이 빈 맥주병은 물에 잘 뜨는데 속이 꽉 찬 맥주병은 어째서 물에 가라앉는 것일까요?

우리 주변에는 물에 뜨는 물질도 많고 물에 가라앉는 물질도 많습니다. 돌이나 쇠붙이는 물에 넣자마자 바닥으로 가라앉지만, 나무도막이나 고무공은 물에 잘 뜹니다. 같은 물질이라도 때에 따라 물에 뜨기도 하고 가라앉기도 해요. 쇳덩어리는 물에 가라앉지만 쇠로 만든 배는 물에 뜨잖아요.

물에 뜨는 것은 물질의 성질일까요, 아니면 물의 성질일까요? 또 어떤 이유로 쇳덩어리는 가라앉지만 쇠로 만든 배는 물에 뜨는 것일까요? 다음 질문에 대한 답을 곰곰 생각하면서 알아보기로 해요.

? 그림에서 보는 것처럼 나무도막이 물에 잠긴 채 떠 있습니다. 이 나무도막이 물에 떠 있는 이유는 무엇일까요?

물질의 성질일까?

① 나무도막의 잠긴 부분에 수압이 작용해서 나무도막을 떠받치기 때문이다.

② 나무도막에 물의 부력이 작용해서 나무도막을 떠받치기 때문이다.

● 공기가 누르는 힘, 기압

우리 주변은 공기로 가득 차 있어요. 공기는 아무리 작은 틈새라도 비집고 들어가지요. 지구를 둘러싸고 있는 공기를 '대기'라고 해요. 대기는 질소, 산소, 이산화탄소, 수증기 같은 여러 가지 기체로 이루어진 두터운 층이에요.

기체는 아주 가볍기 때문에 무게가 없다고 생각하기 쉬워요. 하지만 아무리 가벼운 물질이라도 양이 엄청나게 많으면 무겁게 느껴지지요. 축구공만 한 솜사탕은 아주 가볍지만 그런 솜사탕을 하늘 높이 쌓으면 얼마나 무겁겠어요. 공기도 마찬가지예요. 대기의 층이 누르는 힘은 물기둥 10미터에 해당한대요.

대기의 층이 누르는 힘을 '기압'이라고 해요. 기압의 힘은 아주 대단해요. 페트병에서 공기를 빼 보세요. 바깥에서 누르는 기압 때문에 페트병이 금세 찌부러지고 말지요. 기압은 철판으로 만든 드럼통도 찌부러뜨릴 만큼 힘이 셉니다.

기압에 작용하는 방향에 대해 생각해 본 적이 있나요? 대기는 위에서 누르니까 기압은 위에서 아래로 작용한다고요? 물론 그렇게 생각하기 쉬워요. 하지만 놀랍게도 기압은 사방에서 똑같은 힘으로 작용해요.

 다음 그림에서 대기 중의 한 점 A(빨간색)에 작용하는 기압을 생각해 봐요. A의 위에 쌓여 있는 공기가 누르는 힘은 아래쪽으로 작용해요. 그 힘이 작용하는 방향은 당연히 (가)가 되겠지요. 그런데 그 힘 때문에 A에는 위로 떠받치는 힘이 작용하게 되어요. 이 힘을 (다)라고 하면 (다)는 위를 향하고 크기는 (가)와 똑같지요.

(다)의 힘이 갑자기 어떻게 생기냐고요? 한번 벽을 힘차게 밀어 봐요. 벽을 밀면 벽도 똑같은 힘으로 여러분을 밀잖아요. 또 우리 몸이 바닥을 누르면 바닥도 똑같은 힘으로 우리를 떠받쳐요.

그럼 (나)와 (라)의 힘은 왜 생길까요? 공기가 가득한 풍선을 위와 아래에서 눌러 봐요. 아마 풍선은 옆으로 부풀 거예요. 위와 아래에서 누르면 옆으로 힘이 작용하는 거예요. 옆으로 작용하는 힘의 크기는 위와 아래에서 누르는 힘의 크기와 같지요.

이와 마찬가지 이유로 A에는 대각선 방향으로도 힘이 작용하게 되어요. 결국 사방에서 똑같은 세기로 A를 누르는 힘이 작용하는 것이지요. 이 누르는 힘이 바로 기압이에요.

● **물이 누르는 힘, 수압**

물과 공기는 일정한 모양이 없어요. 담는 그릇에 따라 모양이 달라지지요. 물을 액체, 공기를 기체라고 하는데 액체나 기체는 모양이 없이 흐르기 때문에 '유체'라고 해요. 물과 공기는 그만큼 비슷한 성질을 많이 가지고 있지요.

우리는 공기 속에서 살지만 물고기들은 물속에서 삽니다. 그렇다면 물고기들에게도 당연히 기압과 같은 힘이 작용하겠지요? 공기가 우리를 사방에서 누르는 힘을 기압이라고 했듯이 물이 사방에서 물고기를 누르는 힘을 '수압'이라고 해요.

기압이 생기는 이유는 공기가 누르는 힘, 즉 공기의 무게 때문이에요. 수압이 생기는 이유도 물이 누르는 힘, 즉 물의 무게 때문이지요.

그렇다면 여기에서 한번 곰곰 생각해 봐요. 물의 무게가 크다면 그만큼 수압이 높지 않겠어요? 물의 무게가 크다는 것이 무슨 뜻이냐 하면 물속으로 깊이 들어간다는 뜻이에요. 다시 말해 수압은 물속 깊이에 따라 달라져요. 깊이 들어갈수록 수압이 높아지는 것이지요.

그러니 기압도 수압과 마찬가지예요. 우리가 떠받치는 공기의 무게에 따라 기압의 세기가 달라지지요. 우리가 가장 많은 공기를 떠받칠 때가 언제일까요? 그것은 지표에 있을 때입니다. 높은 산에 올라갈수록 기압이 떨어져요. 우리가 떠받치는 공기의 무게가 산 아래쪽에 놓인 공기의 무게만큼 가벼워지기 때문이지요.

그럼 수압과 기압은 어느 것이 더 셀까요? 당연히 수압이 더 셉니다. 같은 양이라면 물이 공기보다 훨씬 무겁기 때문이지요. 우리가 지표에서 받는 기압의 세기를 '1기압'이라고 해요. 1기압은 우리의 머리 꼭대기에서 수십 킬로미터 높이의 대기층 꼭대기까지 쌓인 공기가 우리를 누르는 힘이에요. 그렇다면 물속 몇 미터를 들어가면 1기압에 해당하는 수압이 작용할까요? 놀라지 마세요. 물속으로 10미터만 들어가면 1기압의 수압이 작용한대요.

자, 이제 수압과 기압에 대해 잘 알았으니 질문 하나 해 볼게요. 물속 20미터 속에 사는 물고기에게는 얼마의 압력이 작용할까요? 10미터의 깊이마다 1기압의 압력이 작용하니까 모두 2기압의 압력이 작용한다고요? 아니에요, 한 가지가 빠졌어요. 거기에 공기의 압력을 더해야 하잖아요.

수면에는 지표면과 마찬가지로 1기압의 압력이 작용해요. 그리고 수면 아래로 10미터 들어갈 때마다 1기압의 압력이 늘어나지요. 그러니 20미터 물속에서 받는 압력의 세기는 모두 3기압이 되는 거예요.

● 물이 떠받치는 힘, 부력

책상에 놓여 있는 책을 밀면 책이 움직입니다. 이처럼 힘을 주면 물체가 움직입니다. 손에 쥐고 있던 공을 놓으면 공이 아래로 떨어집니다. 책을 밀 때에는 힘을 주었지만 공을 놓을 때는 어떤 힘도 주지 않았어요. 그런데 공은 왜 아래로 움직이는 것일까요? 그것은 공에 중력이 작용하기 때문이지요. 중력은 지구가 모든 물체를 끌어당기는 힘이에요.

돌을 물속에 넣어 보세요. 돌은 금세 물에 가라앉습니다. 지구의 중력이 돌을 끌어당기기 때문이지요. 이번에는 속이 빈 고무공을 물에 넣어 보세요. 고무공은 아래쪽 일부분만 물에 잠길 뿐 물에 둥둥 떠 있어요.

어째서 돌은 물에 가라앉고 고무공은 뜨는 걸까요? 돌은 무겁고 고무공은 가볍기 때문이라고요? 하지만 고무공보다 가벼운 돌도 물에 가라앉는 것을 보면 가볍다고 무조건 물에 뜨는 것은 아닐 거예요. 자, 고무공이 물에 뜨는 이유를 설명하기 전에 먼저 힘에 대해 좀 더 알아보기로 해요.

손바닥을 위로 펼친 채 손을 앞으로 뻗어 봐요. 손바닥에 작고 가벼운 돌을 하나 올려놓을게요. 좀 힘이 들긴 하지만 버틸 만하지요? 이때 손바닥은 돌의 무게와 같은 힘으로 돌을 위로 떠받치고 있어요. 이번에는 좀 더 크고 무거운 돌을 올려놓아 볼까요? 손이 밑으로 쳐지면서 돌이 아래로 떨어지는군요. 이때는 손바닥으로 떠받치는 힘이 돌의 무게보다 작아서 그렇지요.

자, 지금까지 설명한 내용을 정리해 볼게요. 물체가 아래로 떨어지는 이유는 지구가 끌어당기는 중력 때문이에요. 중력을 다른 말로 '무게'라고도 하지요. 그런데 물체의 무게를 떠받치는 힘이 있으면 물체는 아래로 떨어지지 않아요. 돌을 손바닥으로 떠받칠 때처럼 말이지요. 그렇다면 물속에 고무공을 넣었을 때 고무공이 가라앉지 않

는 이유는 무슨 힘이 고무공을 떠받치고 있다는 뜻 아니겠어요?

어떤 물체를 물속에 넣으면 물은 그 물체에 어떤 힘을 작용합니다. 그 힘이 물체의 무게보다 작을 때에는 물체가 물속으로 가라앉아요. 그 힘이 물체의 무게와 같을 때에는 물체가 물에 뜨지요.

나무도막이 물에 잠긴 채 떠 있다는 것은 나무도막의 무게와 같은 어떤 힘이 나무도막을 떠받치고 있다는 뜻이에요. 그러니 앞에서 나온 질문은 그 힘이 과연 어떤 힘이냐를 알아내는 것과 같지요. 이제 그 힘의 정체를 알아보기로 해요.

● 부력의 원리

물속의 물체는 수압을 받는다고 했어요. 그렇다면 혹시 물체를 떠받치는 힘은 바로 수압이 아닐까요? 그림을 보면서 그 가능성을 생각해 볼게요.

그림처럼 물에 뜬 나무도막에는 여러 가지 힘이 작용합니다. 여기에서는 나무도막의 옆에서 작용하는 힘은 생각하지 않기로 해요. 원

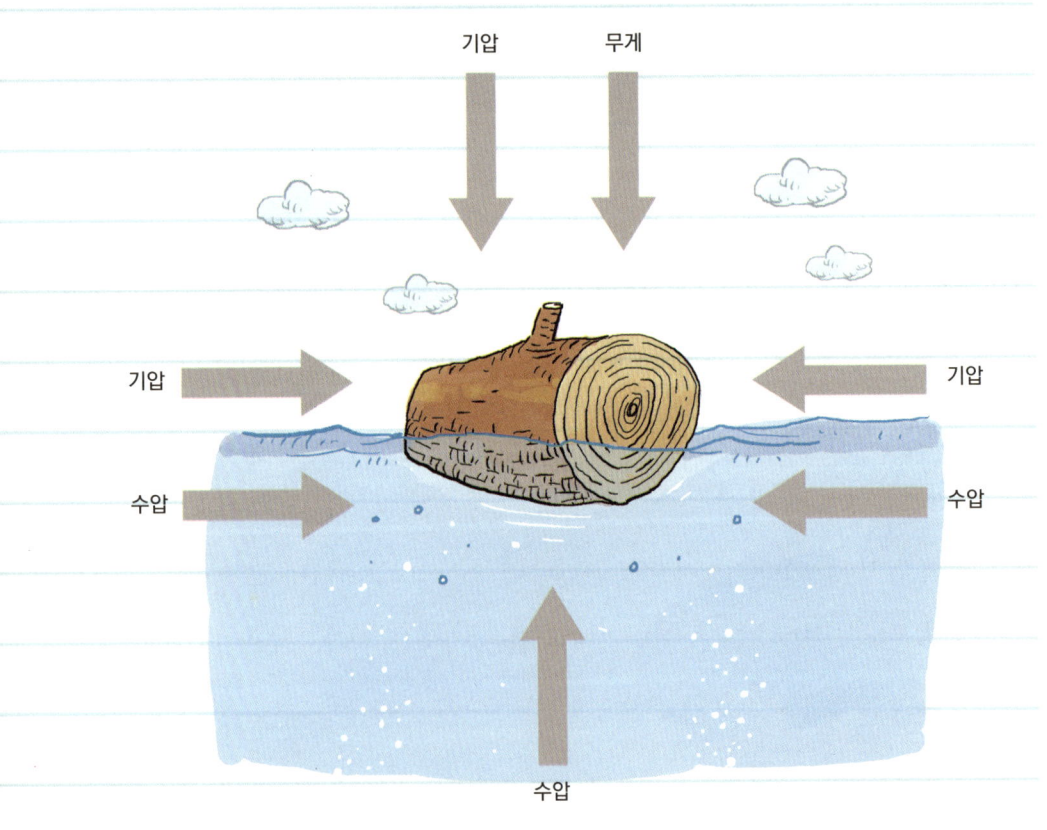

쪽과 오른쪽에서 작용하는 힘은 똑같기 때문에 나무도막의 움직임에 어떤 영향도 끼치지 못하잖아요. 또 지금은 위와 아래로 움직이는 경우를 생각하는 것이니 나무도막을 가라앉히려는 힘과 떠받치는 힘만 생각하면 되기 때문이에요.

나무도막을 가라앉히려는 힘은 기압과 무게예요. 그리고 나무도막을 떠받치는 힘은 수압이지요. 만일 수압이 나무도막을 떠받치는 힘이라면 수압의 크기는 기압과 나무도막의 무게를 더한 값이 되어야 할 거예요. 그럼 과연 그렇게 될지 한번 생각해 봐요.

여기에서 기압과 수압 중 어느 쪽 힘이 더 클까요? 엄밀하게 따지면 수압이 아주 조금 클 거예요. 수면에서는 수압이나 기압이 모두 1기압으로 같지만 물속으로 깊이 들어갈수록 수압이 높아지니까요. 하지만 나무도막의 높이만큼 깊이 들어갔다고 해서 수압 차이가 그렇게 크지는 않아요. 더구나 그 수압 차이가 나무도막을 떠받칠 만큼 크지도 않지요. 다시 말해 수압은 나무도막을 떠받치는 힘이 아니라는 뜻이에요. 그렇다면 도대체 어떤 힘이 나무도막이 가라앉지 못하도록 떠받치고 있는 것일까요?

물체가 물에 뜨는 힘의 원리를 발견한 사람은 지금으로부터 2천 년 전에 활약한 고대 그리스의 과학자 '아르키메데스'예요. 물속에서는 물체가 가벼워진다는 사실은 아주 오래 전부터 알려져 왔어요. 어떤 힘이 물체를 밀어내기 때문이지요. 그 힘을 '부력'이라고 하는데 아르키메데스는 부력이 어떤 식으로 작용하는지 밝혀낸 거예요.

물이 가득한 그릇에 물체를 넣어 봐요. 그러면 물에 잠긴 물체의 부피만큼 물이 넘칠 거예요. 물체가 물에 푹 잠기면 물체의 부피만큼 물이 넘치겠지요. 이때 물에 잠긴 물체의 무게를 재면 물 밖에서 잰 물체의 무게보다 가벼울 거예요. 물체가 물에 잠기면 얼마나 가벼워질까요? 아르키메데스는 물체의 무게는 그 물체가 밀어낸 물의 무게만큼 가벼워진다는 사실을 발견했어요. 그것이 바로 부력의 원리예요.

(부력)

= (물체가 밀어낸 물의 무게)

= (물체의 무게 − 물속에서 잰 물체의 무게)

기압이나 수압은 사방에서 똑같은 힘으로 작용해요. 하지만 부력은 언제나 중력의 반대쪽, 즉 위로 작용한답니다. 이 사실을 꼭 기억해 두도록 해요.

● **무게와 부력이 같으면 물체는 물에 뜬다**

이제 결론을 내릴 때예요. 답이 뭔지 벌써 알고 있다고요? 물론 그럴 거예요. 아마 설명을 하기 전에 답을 알고 있었겠지요. 답은 '(2) 나무도막에 물의 부력이 작용해서 나무도막을 떠받치기 때문이다.' 예요. 그렇다고 부력에 대해 다 안 것은 아니에요. 자신만만 과학책을 읽는 어린이라면 하나를 알더라도 확실히 알아야 하거든요.

여러 가지 물체를 물에 넣었을 때 부력과 물체의 무게에 따라 물체가 어떻게 되는지 알아보기로 해요.

첫 번째, 돌을 물에 넣었을 때예요. 돌은 부피에 비해 무거워요. 그래서 물속에 푹 잠기더라도 밀어내는 물의 양이 적지요. 돌을 물에 넣었을 때 돌이 바닥에 가라앉는 이유는 돌의 부력보다 무게가 크기 때문이에요.

(가) 부력과 무게가 같다.　　(나) 부력이 무게보다 크다.

(다) 부력이 무게보다 작다.　　(라) 부력과 무게가 같다.

　두 번째, 나무도막을 물에 넣었을 때예요. 나무도막은 부피에 비해 가벼워요. 나무도막을 물에 넣으면 어느 정도 잠긴 채 둥둥 떠요. 이때 나무도막에 작용하는 부력은 물에 잠긴 나무도막의 부피에 해당하는 물의 무게예요. 이 부력이 나무도막의 무게와 같기 때문에 나무도막은 그림 (가)처럼 되어 가라앉지도 않고 위로 솟지도 않은 채 제자리에 둥둥 떠 있는 거예요.

　나무도막의 부력에 대해 한 가지 더 알아보기로 할까요? 물에 뜬 나무도막을 그림 (나)처럼 손가락으로 눌러 보세요. 나무도막은 좀 더 물에 잠기고 그만큼 더 많은 물을 밖으로 밀어낼 거예요. 물을 더 많이 밀어낸다는 것은 부력이 커진다는 것을 뜻해요. 나무도막의 무게는 변하지 않았는데 부력이 더 커진 것이지요.

그런데 어째서 나무도막이 위로 솟지 않느냐고요? 그거야 손가락으로 누르고 있으니까 그렇지요. 그럼 손가락을 떼면 어떻게 될까요? 나무도막을 위로 미는 부력이 무게보다 크니까 나무도막은 당연히 그림 (다)처럼 위로 솟아요.

나무도막이 솟아오르면 그만큼 밀어낸 물의 양이 줄어들고, 또 부력도 작아져요. 그래서 이번에는 무게가 부력보다 크기 때문에 나무도막은 다시 아래로 내려가요. 나무도막은 이렇게 오르락내리락하는데 그 폭이 점점 줄어요. 결국 그림 (라)처럼 나무도막의 무게와 부력이 같아지게 되지요. 처음과 같아지는 거예요.

나무도막이 오르락내리락하니까 머리가 복잡해진다고요? 그럴 수도 있을 거예요. 하지만 한 가지만 확실히 알고 있으면 걱정 없어요. 나무도막의 무게가 부력보다 크면 가라앉고, 나무도막의 무게가 부력보다 작으면 위로 솟아오른다는 것 말이에요. 물론 무게와 부력이 같으면 둥둥 뜨겠지요.

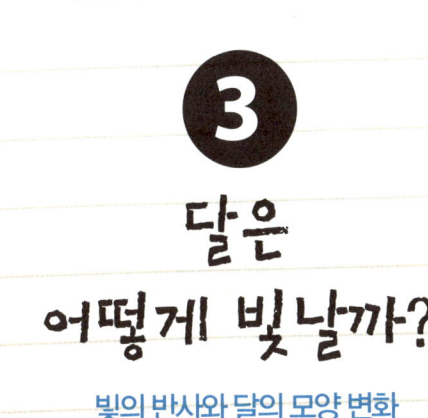

3

달은
어떻게 빛날까?

빛의 반사와 달의 모양 변화

● 달 표면의 모습은?

우리 주변의 물체는 대부분 빛을 반사합니다. 그 반사된 빛이 우리 눈에 들어오면 우리는 비로소 그 물체를 보는 것이지요. 물체가 빛을 반사하여 우리 눈에 보이는 방식은 경우에 따라 조금씩 다른 것 같아요. 보통 물체는 빛을 적당한 세기로 반사하기 때문에 자신의 모습을 잘 보여 줍니다. 그래서 돌은 돌로 보이고 꽃은 꽃으로 보이지요. 그런데 거울처럼 빛을 잘 반사하는 물체는 눈부신 빛의 덩어리로 보이기도 해요. 빛나는 태양처럼 말이에요.

태양은 언제나 둥글게 보이지만 달의 모양은 계속 변합니다. 태양은 스스로 빛을 내지만 달은 햇빛을 반사하여 빛나기 때문이지요. 그렇다고 달이 돌이나 꽃처럼 제 모습을 보여 주는 것은 아니에요. 스스로 빛을 내는 것처럼 눈부시게 보이지요.

흔히 달 표면은 거친 사막 같다고 합니다. 그런데 어떻게 거울처럼 햇빛을 눈부시게 반사할 수 있을까요? 혹시 달 표면이 유리처럼 반질반질한 물체로 이루어져 있는 것이 아닐까요? 그렇다면 지금 우리가 보는 것처럼 달이 밝게 빛나는 이유를 잘 설명할 수 있을까요?

이 질문의 답은 아주 쉽게 찾을 수 있을 거예요. 하지만 그 까닭을 설명하기란 결코 쉽지 않을 거예요. 어떤 질문의 답을 안다고 해서 그 질문을 진짜 알고 있는 것은 아니에요. 자신만만 과학책에는 그 이유가 설명되어 있어야 하지요.

? 달의 표면은 도대체 어떻게 생겼기에 햇빛을 눈부시게 반사하는 것일까요?

1. 표면이 울퉁불퉁하고 거칠어서 햇빛을 사방으로 반사한다.

2. 표면이 거울처럼 매끈해서 햇빛을 한쪽 방향으로 반사한다.

● 빛이 무엇일까?

　세상에 빛처럼 신비로운 것은 없을 거예요. 빛이 없으면 세상 어떤 것도 볼 수 없습니다. 촛불이나 모닥불, 전등, 별은 스스로 빛을 냅니다. 돌이나 꽃, 책상은 빛을 반사하지요. 현미경을 들이대면 아주 작은 소금알갱이도 볼 수 있어요. 과학자들은 소금을 이루는 가장 작은 물질, 즉 소금의 분자도 봅니다.

　비록 복잡한 장치를 이용하기는 하지만 분자를 이루는 원자를 보기도 하지요. 이 모든 것을 볼 수 있는 것은 빛이 있기 때문에 가능해요. 하지만 빛을 본 사람은 없어요. 이 말은 빛을 느낄 수는 있지만, 빛의 모양을 볼 수는 없다는 뜻이에요.

　어쩌면 빛을 볼 수 없는 것은 당연한지도 모릅니다. 빛은 물질이 아니라 에너지이기 때문이에요. 소리를 들을 수는 있지만 볼 수 없는 것처럼 말이에요. 그렇다고 빛에 관한 문제가 모두 해결된 것은 아니에요. 빛은 우리가 생각하기 힘들 정도로 신비롭거든요.

　과학자들은 아주 오래 전부터 물질과 에너지를 포함한 세상의 모든 것을 두 가지 방식으로 다루어 왔습니다. 바로 입자와 파동이에요.

　'입자'는 우리가 잘 아는 것처럼 어떤 알갱이 모양을 하고 있는 물질을 말해요. 모든 물질은 원자라고 하는 기본 알갱이로 이루어져 있어요. 물론 원자도 더 작은 알갱이로 이루어져 있지만, 여기에서는 너무 복잡한 것은 접어 두기로 해요. 또 '파동'은 소리나 물결처럼 진동을 하면서 퍼져 나가는 에너지를 말해요.

과학이란 자연 현상을 설명하는 학문이에요. 과학자들은 입자와 파동의 성질을 이용해 모든 자연 현상을 설명해 왔어요. 입자가 일으키는 현상은 질량이나 힘, 가속도를 측정하면 설명할 수 있지요. 예를 들어 어떤 질량을 가진 돌에 어떤 크기의 힘을 주면 어느 쪽으로 얼마의 거리를 어느 정도의 시간에 날아가게 된다는 식이에요. 파동이 일으키는 현상은 진동수와 진폭, 전달 속도를 측정하면 설명할 수 있어요. 예를 들어 어떤 진동수를 가진 소리는 어떤 크기의 에너지를 전달한다는 식이지요.

그렇다면 과연 빛은 입자일까요, 아니면 파동일까요? 빛이 일으키는 현상은 입자로 설명할 수 있을까요, 아니면 파동으로 설명할 수 있을까요?

어떤 과학자는 빛은 입자라고 주장했어요. 입자란 아주 작은 알갱이를 뜻한다고 생각하면 됩니다. 빛이 거울에서 반사하는 것을 보면 마치 야구공처럼 일정한 각도로 튀어나오기 때문이에요. 또 어떤 과

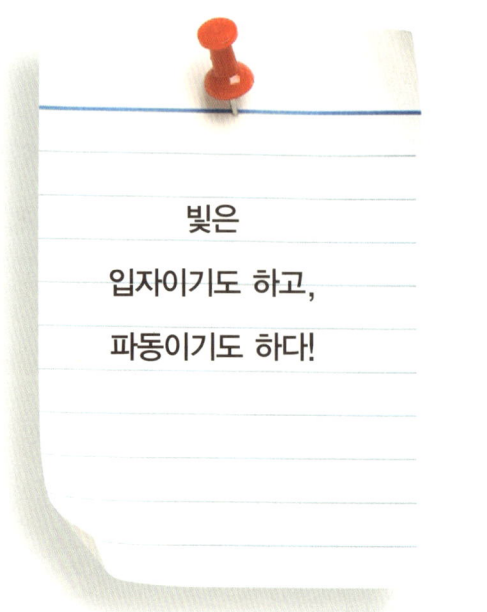

학자는 빛은 파동이라고 주장했지요. 물결은 좁은 틈을 지날 때 구부러져요. 이런 현상을 '회절'이라고 하는데, 빛도 좁은 틈을 지날 때 회절을 하거든요.

빛은 입자인가 파동인가? 이 문제는 오랫동안 과학자들을 괴롭혀 왔어요. 그러다가 1920년대에 영국의 위대한 물리학자 '보어'가 이 문제의 결론을 내렸지요. 보어의 결론은 '빛은 입자이기도 하고 파동이기도 하다.'는 거예요.

말도 안 되는 결론이라고요? 그렇게 생각할 수도 있어요. 그동안 우리는 이것 아니면 저것이고, 저것 아니면 이것이라는 식으로 생각해 왔으니까요. 하지만 보어의 이 결론은 현재로서는 빛의 본질을 가장 진실하게 설명할 수 있는 방법이에요. 자연은 이러면서도 저럴 수 있고, 저러면서도 이럴 수 있다는 거예요. 또 많은 과학자들이 이 결론을 믿고 있지요.

이제 우리는 그냥 마음 편하게 생각하기만 하면 됩니다. 빛을 입자라고 생각하는 것이 편할 때에는 입자로 다루고, 빛을 파동이라고 생각하는 것이 편할 때에는 파동으로 다루면 되니까요.

● 빨간색 장미는 왜 빨갛게 보일까?

빨간색 색연필을 집어 보세요. 이번에는 파란색 색연필을 집어 보세요. 빨간색과 파란색을 구별하는 일은 누구에게든 아주 쉬워요. 모두 색깔에 대해 잘 알고 있기 때문이지요. 그럼 이런 질문은 어떨까요? 빨간색 장미가 왜 빨갛게 보이는 것일까요?

빨간색 장미는 빨간색을 띠고 있기 때문에 빨갛게 보이는 거라고요? 물론 그것도 답이 될 수 있겠지요. 하지만 여기에서는 좀 더 과학적으로 답해야 해요.

우리는 물체에서 나오는 빛을 보고 그 물체의 모양과 색을 구별해요. 그러니까 빨간색 장미에서 오는 빨간빛을 느끼고, 저 장미는 빨갛구나 하고 생각하는 거예요. 그렇다면 빨간빛은 장미가 내는 것일까요? 그렇지 않아요. 깜깜한 곳에서는 장미가 보이지 않잖아요. 장미는 단지 빛을 반사할 뿐이지요.

우리 주변에는 빛을 내는 물체들이 많아요. 여기에서는 그 중에서 햇빛만 생각해 보기로 해요. 그러니까 빨간색 장미는 햇빛에서 빨간빛을 반사하여 빨갛게 보이는 거예요. 그렇다면 햇빛은 빨간빛일까요? 그렇다고 생각하면 아주 이상한 일들이 많아요. 제비꽃의 보라색, 개나리의 노란색을 내는 빛은 도대체 어디에서 온 것일까요?

밝은 햇빛 속에서는 여러 가지 색을 볼 수 있어요. 이 모든 색들이 햇빛을 반사하여 보이는 거예요. 그렇다면 햇빛은 이 모든 색의 빛을 포함하고 있다는 뜻 아니겠어요? 맞아요. 우리 눈에 아무 색도 띠지 않은 것처럼 보이는 햇빛은 사실 모든 색을 포함하고 있어요. 빨간색 장미는 햇빛 중에서 빨간빛만 반사하고 다른 빛은 흡수하기 때문에 빨갛게 보이는 거예요. 제비꽃의 보라색도, 개나리의 노란색도 다 마찬가지예요.

햇빛이 모든 색의 빛을 포함하고 있다는 사실은 실험을 통해 알아

볼 수도 있어요. 손전등에 빨간색 셀로판지를 붙이면 빨간빛이 나옵니다. 그렇게 노란빛과 초록빛도 만들어 보세요. 그리고 그 세 가지 빛을 한 곳에 비추면 어떻게 될까요? 햇빛처럼 아무런 색도 띠지 않아요. 이처럼 빛은 여러 가지 색을 섞을수록 하얘져요. 그래서 여러 가지 색의 빛이 섞인 햇빛이 하얀 것이지요.

무지개는 공기 중에 떠 있는 작은 물방울에 햇빛이 굴절하여 만들어진 빛의 고리예요. '굴절'이란 빛이 꺾이는 현상을 말해요. 빛은 투명한 물질을 지날 때 구부러지는데, 이때 구부러지는 정도는 빛의 종류에 따라 달라져요. 빨간빛이 잘 구부러지지 않고 보랏빛이 많이 구부러지지요. 그래서 햇빛이 작은 물방울을 지날 때 여러 가지 색의 빛이 나뉘어져 보이는 거예요.

흔히 빨주노초파남보의 일곱 빛깔 무지개라고 말하지만, 사실 무지개에는 셀 수 없이 많은 색의 빛이 섞여 있어요. 다만 서양 사람들이 7이라는 숫자를 좋아하기 때문에 그냥 일곱 빛깔이라고 말하는 것일 뿐이지요. 우리나라에서는 예전부터 오색 무지개라고 불러 왔어요. 동양 사람들은 모든 현상을 설명할 때 5라는 숫자를 많이 이용했거든요.

● **반사의 법칙**

앞에서 무지개를 이야기할 때 빛의 굴절에 대해 잠시 알아보았어요. 굴절은 빛의 중요한 성질 중 하나예요. 물속에서 기다란 막대가 꺾여 보이는 현상, 물속 바닥의 물체가 실제보다 조금 떠 보이는 현상이 모두 빛의 굴절 때문에 일어나요. 볼록렌즈나 오목렌즈도 모두 빛의 굴절을 이용하여 만든 광학기기이지요. 그런데 여기에서는 빛의 굴절에 관해서는 이 정도만 알아보고, 빛의 반사에 대해 자세히 알아보기로 해요.

어떤 물체가 다른 물체에 부딪쳐 튀어나오는 것을 '반사'라고 합니다. 마치 공이 벽이나 바닥에서 튀어나올 때처럼 말이에요. 빛도 다른 물체에 부딪치면 반사를 해요. 빛의 반사는 빛이 일으키는 여러 가지 현상을 설명하는 데 아주 중요한 성질이에요. 거울에 물체의 모습이 비춰 보이는 현상은 빛의 반사로 설명할 수 있지요.

잔잔한 수면은 빛을 잘 반사하기 때문에 마치 거울처럼 보인다.

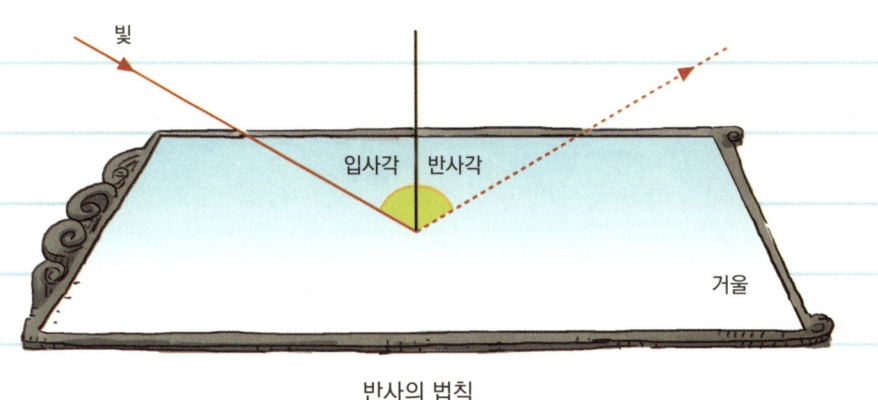

반사의 법칙

　빛의 반사를 이해하려면 먼저 반사의 법칙을 알아야 해요. 빛을 가느다란 줄기로 만들어 거울에 비스듬히 비춰 보세요. 빛은 거울에 반사됩니다. 이때 거울에 수직인 선과 거울에 들어오는 빛이 이루는 각을 입사각, 거울에 수직인 선과 거울에서 반사되어 나가는 빛이 이루는 각을 반사각이라고 해요. '반사의 법칙' 이란 바로 이 입사각과 반사각이 언제나 같다는 거예요.

　그럼 반사의 법칙을 이용해 거울에 어떻게 내 모습이 비치는지 알아보기로 해요. 우리 몸은 햇빛이나 전등 빛을 반사해요. 우리 몸의 모든 곳에서 나오는 빛을 생각하기 어려우니, 우선 머리와 배와 발에서 나오는 빛만 생각해 보지요.

　발에서 나온 빛은 사방으로 퍼져 나가요. 그 중에서 거울의 (나)에 부딪친 빛이 우리 눈에 들어오지요. 거울의 (가)에 부딪친 빛은 입사각이 너무 작아서, 또 (다)에 부딪친 빛은 입사각이 너무 커서 반사한 후 우리 눈을 비켜 나가기 때문이에요. 머리와 배에서 나온 빛도 이와 마찬가지로 우리 눈에 들어와요. 그래서 우리 몸이 거울에 비춰 보이는 거예요.

표면이 거친 암석에는 물체의 모습이 비치지 않습니다. 표면이 거칠면 나란하게 들어온 빛이라도 반사하여 나가는 방향이 서로 달라져요. 이것을 '난반사'라고 하지요. 거울처럼 나란하게 들어온 빛이 나란하게 반사하여 나가는 것을 '정반사'라고 해요.

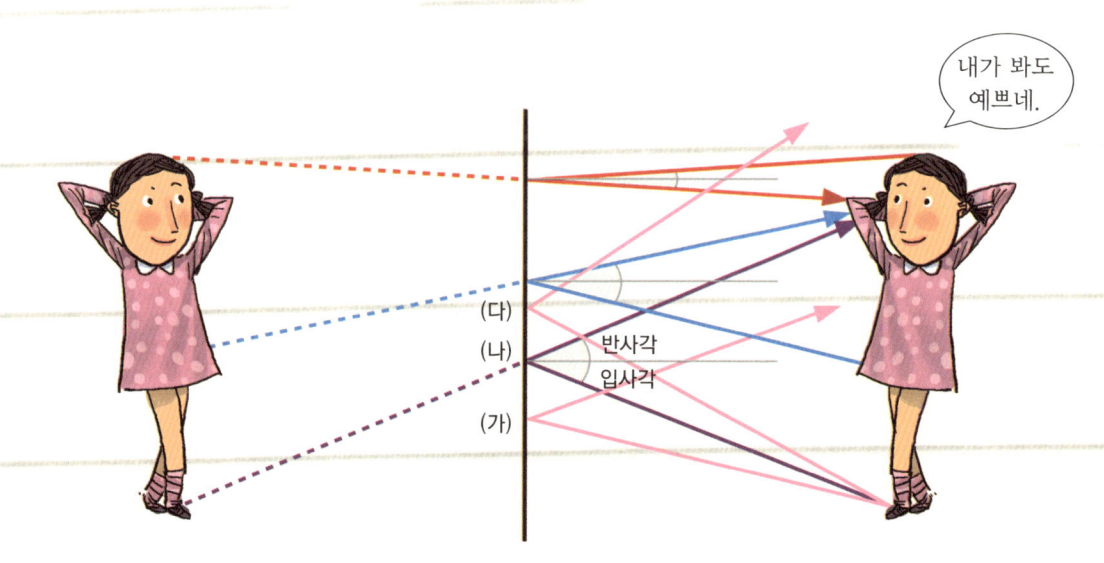

물론 난반사에서도 반사의 법칙은 적용됩니다. 하지만 표면이 울퉁불퉁하기 때문에 나란히 들어온 빛이라도 표면의 각 지점에서는 입사각이 달라지고, 그에 따라 서로 반사각이 달라지기 때문에 모든 빛이 나란하게 나아가지 않는 거예요. 머리에서 반사된 빛과 발에서 반사된 빛이 서로 어지럽게 흩어지니 어떻게 되겠어요. 그래서 거친 표면에는 우리 모습을 비춰 볼 수 없는 거예요.

암석의 표면을 매끈하게 갈면 암석의 표면에서도 난반사가 아닌 정반사가 일어납니다. 따라서 물체의 모습을 비춰 볼 수 있지요. 물결이 잔잔한 수면에 우리 모습을 비춰 볼 수 있는 것도 마찬가지예요.

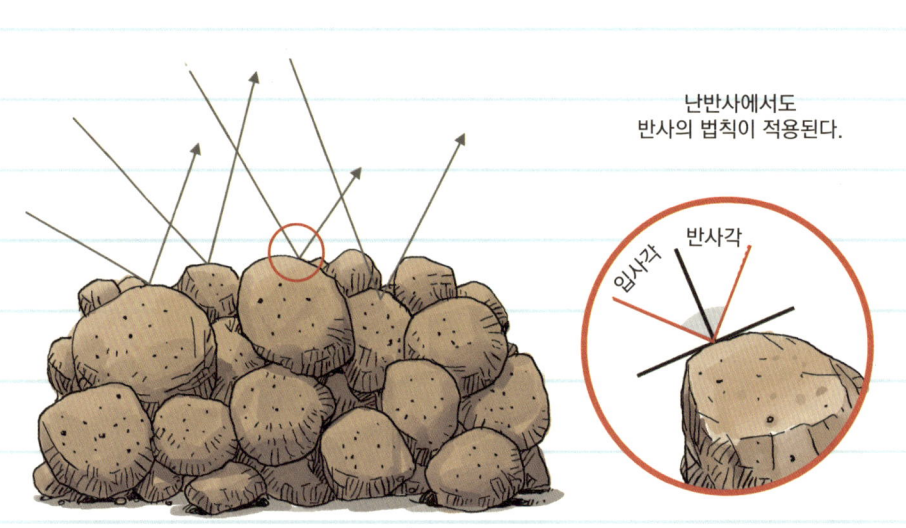

난반사

난반사에서도 반사의 법칙이 적용된다.

● 달의 모양 변화

자, 빛이 물체의 표면에서 어떻게 반사하는지 잘 알게 되었어요. 이제 달 표면에서 빛이 어떻게 반사하는지 살펴보아도 될 거예요. 하지만 그 전에 한 가지만 더 알아보기로 해요. 달의 모양 변화예요.

달의 모양 변화는 빛의 반사 때문에 일어나는 재미있는 현상이면서도 확실하게 이해하기는 쉽지 않아요. 머릿속에 지구와 태양과 달의 위치를 마음대로 그려야 하는데 이것이 만만치 않거든요. 이번에는 한번 제대로 이해해 보아요.

먼저, 다음 쪽 그림을 보며 설명을 잘 들어 보세요. 나중에는 이 그림을 머릿속에 그려서 달의 위치를 마음껏 바꿔 가며 생각할 줄 알아야 해요. 이 그림에서 실제의 달은 지구 둘레에 그려져 있고, 지구에서 본 모양은 네모 안에 그려져 있어요.

달은 지구 둘레를 공전해요. 태양은 아주 먼 곳에 있지요. 그래서 달은 태양과 같은 방향에 올 때도 있으며, 태양의 반대쪽에 올 때도 있어요. 또 태양의 왼쪽에 올 때도 있고, 태양의 오른쪽에 올 때도 있지요. 햇빛은 지구와 달의 반쪽 면만 비춰요. 그래서 만일 지구가 아닌 우주 공간에서 본다면 달의 모양은 변하지 않고 언제나 같을 거예

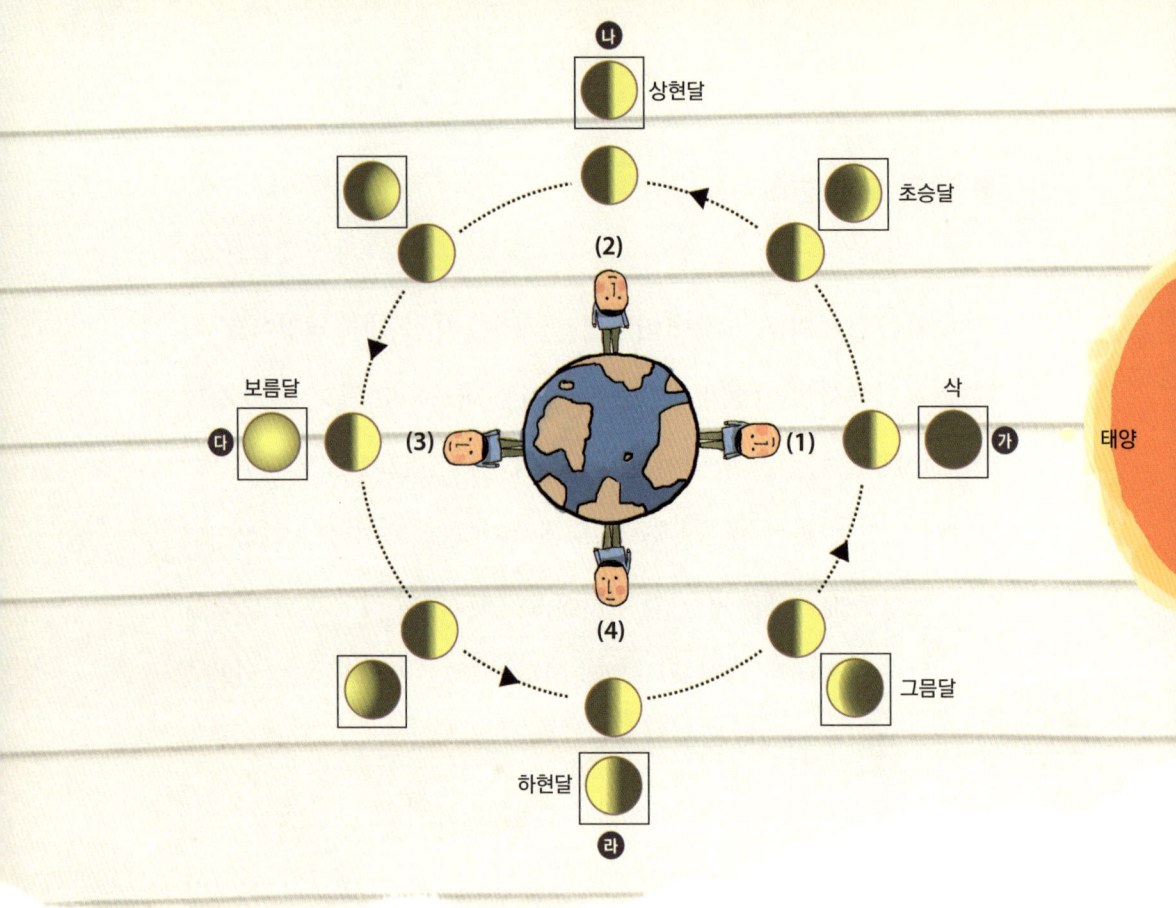

요. 달이 태양을 기준으로 언제나 같은 방향에 있기 때문이에요.

예를 들어 여러분이 우주 공간의 ㉮의 위치에서 달을 본다고 생각해 봐요. 달은 언제나 보름달로 보일 거예요. 이와 마찬가지로 ㉯의 위치에서는 언제나 왼쪽이 둥근 하현달, ㉱의 위치에서는 언제나 오른쪽이 둥근 상현달로 보이겠지요. 하지만 ㉰의 위치에서는 달을 볼 수 없을 거예요. 햇빛을 반사하는 면을 볼 수 없거든요.

이번에는 달이 지구에서 어떤 모양으로 보이는지 살펴볼까요? 달이 (1)의 위치처럼 지구와 태양 사이에 있을 때에는 달이 보이지 않아요. 지구에서는 달의 밝은 표면을 볼 수 없거든요. 이때를 '삭' 이라고 불러요. 달이 (2)의 위치처럼 태양의 왼쪽에 있을 때에는 오른쪽으로 불룩한 반달이 보여요. 이때를 '상현달' 이라고 부르지요.

달이 (3)의 위치처럼 태양의 반대쪽에 있을 때에는 달의 밝은 면을 모두 볼 수 있어요. 그래서 둥근 '보름달' 이 보이는 거예요. 달이 (4)의 위치처럼 태양의 오른쪽에 있을 때에는 왼쪽으로 불룩한 반달이 보여요. 이때를 '하현달' 이라고 부르지요.

이 그림을 보면 달의 모양 변화를 자신 있게 설명할 수 있을 거예요. 하지만 책을 덮어 보세요. 머릿속에 이 그림이 그려지나요? 무엇이든 쉬운 일은 없어요. 마음속으로 이 그림을 몇 번이고 그려 보세요. 그럼 달의 모양 변화에 대해서는 누구에게 뒤지지 않는 어린이가 될 거예요.

달의 모양 변화에 대해 한 가지 더 알려 줄게요. 이 그림에서 달이 (1)의 위치에 있을 때를 잘 살펴보세요. 달이 지구와 태양 사이에 놓여 있잖아요. 그렇다면 태양이 달에 가려 일식이 일어나지 않을까요?

달이 지구 둘레를 도는 데에는 한 달쯤 걸려요. 그때마다 일식이 일

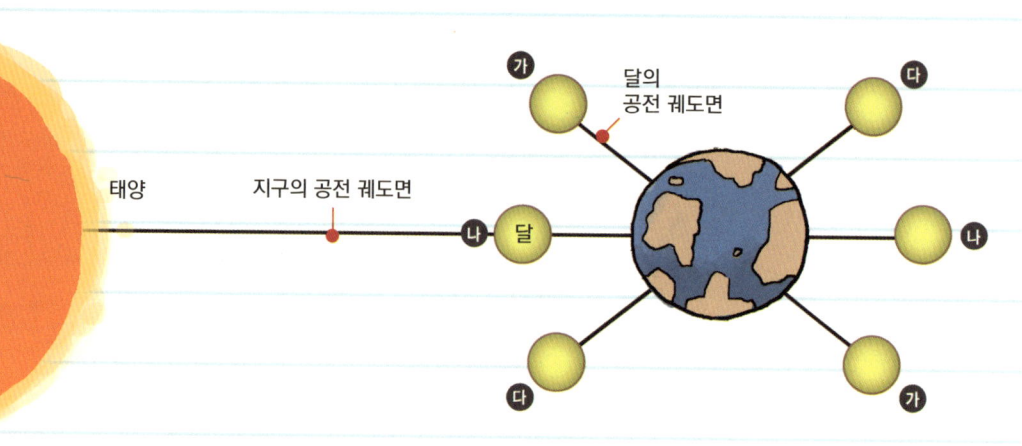

어난다는 뜻인데 실제로 일식은 1년에 한두 번밖에 일어나지 않아요. 달이 지구와 태양 사이에 놓이는데 어째서 일식이 일어나지 않는 것일까요? 그 이유는 달의 공전 궤도면이 지구의 공전 궤도면에 기울어져 있기 때문이에요.

앞의 그림은 지구의 공전 궤도면 위에서 본 모습이에요. 그래서 이 그림에서는 지구와 달의 공전 궤도면 기울기가 나타나지 않지요. 지구 공전 궤도면 옆에서 본 다음 그림을 보세요. 달이 지구와 태양 사이에 놓여 있더라도 ㉮와 ㉰일 경우에는 태양을 가리지 않아요.

달은 지구 둘레를 돌면서 지구의 공전 궤도면을 오르락내리락해요. 일식은 달이 ㉯의 위치, 즉 지구의 공전 궤도면에 놓이면서 지구와 태양 사이에 올 때에만 일어나지요. 그래서 일식이 한 달에 한 번

씩 일어나지 않는 거예요.

● 달 표면에서 반사되는 빛

 이제 달의 표면에서 빛이 어떻게 반사되는지 알아볼 때예요. 그런데 답은 너무 쉽게 알아낼 수 있을 것 같아요. 인터넷이나 과학 책에서 울퉁불퉁한 달 표면의 모습을 많이 보았잖아요. 그러니 달 표면이 울퉁불퉁하다는 것은 누구나 다 알 거예요.
 맞아요. 답은 ❶이에요. 하지만 곰곰 생각해 봐요. 표면이 거친데 어떻게 거울처럼 환하게 빛날 수 있는 것일까요? 그 이유를 확실히 알지 못하는 한 답을 안다고 할 수 없을 거예요. 우리는 지금 바로 그걸 알아내려는 거예요.
 지금으로부터 2,400년 전쯤 활동한 고대 그리스의 철학자 '아리스토텔레스'는 달이 유리처럼 매끄러운 물질로 이루어져 있다고 주장했어요. 그래야 햇빛을 잘 반사하여 빛날 것이라고 생각한 것이지요. 아리스토텔레스의 이 생각은 그 후 2,000년이 넘게 믿어져 왔어요. 그런데 400년 전쯤 이탈리아의 위대한 과학자 '갈릴레이'가 이 생각을

의심하기 시작했어요.

거울은 나란하게 들어온 빛을 나란하게 반사해요. 이것을 정반사라고 했어요. 또 암석의 거친 표면은 나란하게 들어온 빛을 흩뜨려요. 이것을 난반사라고 했지요. 그런데 갈릴레이의 설명에 따르면 물체는 빛을 정반사할 때보다 난반사할 때 더 밝게 보인다는 거예요. 못 믿겠다고요? 다음 설명을 잘 들어 보세요.

종이는 빛을 난반사해요. 그래서 이 책을 아무리 들여다보아도 얼굴이 비치지 않지요. 사람들은 종이보다 거울이 더 밝게 보일 거라고 생각해요. 거울은 빛을 잘 반사하기 때문이지요. 물론 햇빛이 반사되는 쪽에서 본다면 거울이 훨씬 밝을 거예요. 너무 눈이 부셔 쳐다보지 못하겠지요. 하지만 한번 다른 쪽에서 거울과 종이를 비교해 보세요. 종이가 훨씬 밝게 보일 거예요.

이 사진에서 (가)~(다)는 거울, (라)~(바)는 종이예요. (가)와 (라)는 햇빛이 반사하는 쪽, (나)와 (마)는 그 왼쪽, (다)와 (바)는 그 오른쪽에서 본 모습이지요. 거울과 종이의 밝기를 쉽게 알아볼 수 있도록 사진을 흑백으로 만들었어요. 거울과 종이의 밝기를 바닥의 밝기와 비교해 보세요. 햇빛이 반사하는 쪽에서는 거울이 밝지만 그밖의 방향에서는 종이가 훨씬 밝아요. 더구나 종이의 밝기는 방향에 관계없이

거의 변하지 않아요.

  달 표면이 거울처럼 매끈해서 햇빛을 정반사한다고 생각해 보세요. 우리가 달에서 햇빛이 반사하는 쪽에 있다면 달이 눈부시게 보일 거예요. 하지만 그곳에서 조금만 비껴 있으면 달이 보이지도 않을 거예요. 그런데 실제의 달은 어떤가요? 동쪽에서 떠서 서쪽으로 질 때까지 계속 밝게 보여요.

달 표면은 종이보다 더 거칠기 때문에 다를 거라고요? 그렇지 않아요. 갈릴레이는 거친 벽에 거울을 걸고 사람들에게 보여 주었습니다. 물론 거울보다 벽이 더 밝았지요.

● 달은 혹시 유리공이 아닐까?

혹시 달 표면이 유리처럼 매끄럽지만 공 모양으로 생겼기 때문에 이쪽저쪽에서 볼 수 있다고 생각하는 사람은 없나요? 그런 사람들을 위해 한 가지만 더 알아보기로 해요.

공의 바깥쪽 면처럼 볼록한 거울을 '볼록 거울', 공의 안쪽 면처럼 오목한 거울을 '오목 거울'이라고 해요. 빛의 반사의 법칙을 이용하면 볼록 거울과 오목 거울에서는 물체가 어떻게 보이고 빛이 어떻게 반사하는지 알 수 있어요. 반사의 법칙은 모든 경우에 성립하거든요.

거울에 비친 내 모습을 볼 때 우리는 거울 뒤에 있는 내 모습을 본다고 생각해요. 다음 그림에 있는 평면 거울과 볼록 거울과 오목 거울에서 각도 (가)와 (나)와 (다)의 크기를 비교해 봐요. (다)와 (가)와 (나)의 순서대로 작아지지요. 이 각도의 크기는 거울에 맺힌 상의 크

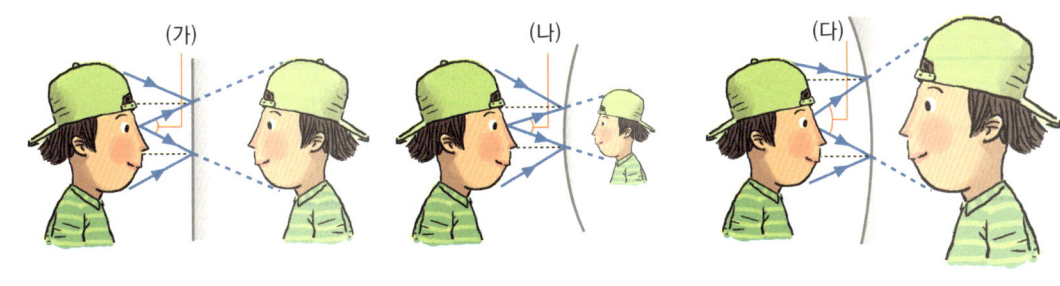

기를 뜻해요.

 평면 거울에 맺히는 상의 크기는 물체의 크기와 같아요. 볼록 거울에서는 상이 작아지고, 오목 거울에서는 상이 커지지요. 오목 거울에서는 물체의 상이 언제나 이렇게 보이지는 않아요. 물체가 거울에서 멀리 떨어져 있을 때에는 물체가 작고 거꾸로 선 모습으로 보이지요. 하지만 볼록 거울에서는 물체가 멀리 떨어질수록 점점 더 작게 보여요.

 자, 이제 달이 공 모양의 유리처럼 생겼다고 생각해 봐요. 그렇다면 햇빛을 어떻게 반사할까요? 그림에서 보듯 볼록 거울은 빛을 퍼뜨려요. 그래서 달 표면의 아주 작은 부분에서 반사되는 햇빛만이 우리 눈에 들어올 거예요.

 이것은 간단한 실험으로 알아볼 수도 있어요. 다음 쪽에 있는 사진은 공원에서 볼 수 있는 조형물이에요. 안쪽에 있는 공은 표면이 매

끈한 금속으로 되어 있어서 빛을 잘 반사하지요. 이 금속 공의 왼쪽 위에 보이는 밝은 빛이 태양이에요. 이 금속 공을 달이라고 생각해 보세요. 이 금속 공에서 햇빛을 반사하는 부분이 얼마나 되나요? 금속 공에 비친 태양의 크기가 바로 햇빛을 반사하는 면적이에요.

볼록 거울에서는 물체의 크기가 작게 보인다고 했잖아요. 금속 공에 비친 태양은 아주 작게 보여요. 금속 공이 달이라면 금속 공 전체가 보이지 않고 금속 공에 비친 태양 부분만 보일 거예요. 그 부분에서만 햇빛을 반사하니까요.

금속 공의 다른 부분도 밝게 보인다고요? 그건 햇빛을 반사해서 밝은 것이 아니라 주변의 하늘이 반사되어 밝게 보이는 거예요. 아마 이 금속 공을 공기가 없는 우주 공간으로 가지고 나가서 본다면 태양이 비친 부분을 제외하고는 깜깜할 거예요. 이것은 달이 유리 공처럼 생겼다면 실제의 달보다 훨씬 작게 보일 거라는 뜻이지요.

어때요? 이제 달 표면이 거친데 어째서 햇빛을 밝게 반사하는지 이해하게 되었나요? 결론을 한번 정리해 볼게요.

우리는 표면이 매끄러우면 더 밝게 보인다고 생각해요. 물론 표면이 매끄러운 물체는 빛을 잘 반사해요. 하지만 빛을 사방으로 골고루 반사하는 것은 표면이 거친 물체예요. 달은 표면이 울퉁불퉁하고 거칠기 때문에 지금처럼 환하게 보이는 거예요. 우리가 주변의 물체를 잘 볼 수 있는 것도 대부분의 물체가 빛을 난반사시키기 때문이에요.

4

열을 가하면 왜 부피가 커질까?

열과 물질의 상태 변화

● 여름에 레일의 길이가 늘어나는 이유는?

기차는 한꺼번에 많은 사람과 물자를 나르는 육지의 교통수단이에요. 기차는 무게가 많이 나가기 때문에 단단하게 다진 바닥에 쇠로 만든 레일을 깔고 그 위로 이동하지요. 레일은 기차가 출발하는 곳에서 도착하는 곳까지 길게 깔려 있어요. 그렇다고 레일이 한 가닥으로 이어져 있는 것은 아니에요. 레일 중간에는 작은 틈새가 있지요.

레일의 길이는 온도에 따라 늘어나기도 하고 줄어들기도 해요. 온도가 높을 때는 레일이 늘어나고 온도나 낮을 때는 줄어들어요. 여름처럼 기온이 높을 때 레일의 길이가 늘어나면 어떻게 되겠어요? 만일 틈새가 없다면 레일의 길이가 늘어나면서 구불구불해질 거예요.

공기도 따뜻하게 데우면 부풀고 차갑게 식히면 줄어요. 찌부러진 탁구공을 따뜻한 물에 데워 보세요. 찌부러진 부분이 솟아오르면서 탁구공은 다시 제 모습을 찾을 거예요. 따뜻하게 데워진 공기의 부피가 늘어나면서 탁구공의 찌부러진 부분을 밀어내기 때문이지요.

바닷물의 부피도 따뜻해지면 불어나고 차가워지면 줄어들어요. 이처럼 물질의 길이와 부피는 열에 따라 변하지요. 흔히 물질은 작은 알갱이로 이루어져 있다고 말해요. 이 작은 알갱이를 분자라고 하지요. 그럼 여기에서 이번 질문을 생각해 보기로 해요.

? 기온이 높아지면 기차 레일의 길이가 늘어납니다.
그 이유는 무엇일까요?

1 레일을 이루는 분자 사이의 거리가 멀어지기 때문이다.

2 레일을 이루는 분자의 부피가 늘어나기 때문이다.

● 열이란 무엇일까?

 감기 몸살에 걸리면 몸에서 열이 납니다. 평소보다 몸에 열이 많아졌기 때문이에요. 사람의 체온은 36.5℃쯤 되는데 이때 체온을 재면 37℃가 넘을 거예요. 체온이 높을수록 열이 많이 나지요. 이처럼 물체의 온도를 높이거나 낮추는 원인을 열이라고 해요.

 온도를 가진 모든 물체는 열을 가지고 있어요. 얼음도 열을 가지고 있고, -100℃의 물체도 열을 가지고 있지요. 과학자들은 세상에서 가장 낮은 온도가 -273℃라고 해요. 온도가 -273℃인 물체는 열을 가지고 있지 않아요.

 온도가 변하는 것은 열을 얻거나 빼앗기기 때문이에요. 열을 얻으면 온도가 높아지고 열을 빼앗기면 온도가 낮아져요. 그런가 하면 열은 이 물체에서 저 물체로 이동하기도 하지요. 그런데 열은 언제나 온도가 높은 물체에서 낮은 물체로 이동해요.

 따뜻한 물에 손을 담그면 물의 열이 손으로 이동하기 때문에 손이 따뜻하게 느껴져요. 이때 손의 온도는 올라가고 따뜻한 물의 온도는 내려가지요. 얼음을 쥐면 그 반대 현상이 일어나요. 그런데 손의 열이 따뜻한 물로 이동하거나, 얼음의 열이 손으로 이동하는 일은 절대로 일어나지 않아요. 이것이 자연의 법칙이에요.

 흔히 온도가 높을수록 열이 많다고 생각하기 쉽지만 꼭 그렇지는 않아요. 예를 들어 집채만 한 얼음과 한 방울의 물을 비교해 봐요. 온도는 물이 당연히 높아요. 하지만 열은 집채만 한 얼음이 많아요. 부피가 크기 때문이에요.

 열의 이동을 물의 흐름에 비교해 보면 이해하기 쉬울 거예요. 다음 그림처럼 좁고 넓은 2개의 그릇에 물이 담겨 있어요. 물의 양은 (나)의 그릇이 많지만 물의 높이는 (가)의 그릇이 높지요. 물의 양을 열, 물의 높이를 온도라고 생각해 봐요. 물이 많은 곳에서 적은 곳으로 흐르나요? 그렇지 않아요. 물은 양쪽의 높이가 같아질 때까지 언제나 높은 곳에서 낮은 곳으로 흘러요. 이와 마찬가지로 열은 양쪽의 온도가 같아질 때까지 언제나 온도가 높은 곳에서 낮은 곳으로 이동하는

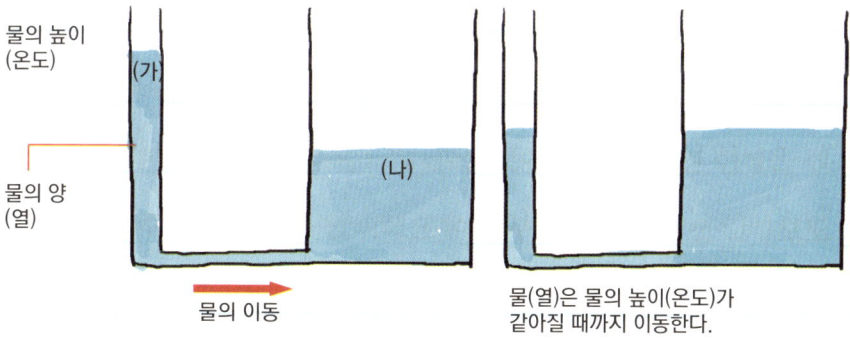

거예요.

  열은 전도와 대류와 복사의 3가지 방식으로 이동해요. 얼음을 쥐었을 때처럼 두 물체가 서로 접촉한 상태에서 열이 이동하는 방식을 '전도'라고 하지요. 추운 겨울 우리 몸에서 열이 빠져 나가는 것은 열이 우리 몸에서 찬 공기로 이동하기 때문이에요.

  '대류'는 물이나 공기 같은 액체나 기체의 열이 이동하는 방식이에요. 주전자에 물을 넣고 끓이면 바닥의 물이 먼저 데워져요. 따뜻해진 바닥의 물은 위로 올라가고 수면의 차가운 물은 바닥으로 내려가요. 주전자의 물은 계속 이런 식으로 순환하면서 데워지지요. 대류에서는 물체가 열을 가지고 직접 이동하는 거예요.

  여기서 전도와 대류는 물질이 없으면 일어나지 않아요. 그런데 태양의 열은 어떻게 아무것도 없는 우주 공간을 가로질러 우리에게 전달되는 것일까요? 태양의 열은 빛에 실려 우리에게 전달되는 거예요. 이처럼 열이 빛의 형태로 이동하는 방식을 '복사'라고 해요.

  물체의 열은 대부분 이 3가지 방식이 혼합되어 이동해요. 전기난로를 생각해 봐요. 전기난로가 주변의 공기를 데울 때에는 전도의 방식으로 열이 이동해요. 따뜻하게 데워진 공기의 열은 대류의 방식으로 이동하지요. 또 전기난로에서는 빛이 나오는데 이때 열이 복사의 방식으로 먼 곳까지 이동하기도 해요.

● 물질의 구조와 상태

돌, 흙, 나무, 온갖 동식물들……. 우리 주변에는 물체들이 참 많습니다. 이런 모든 물체를 이루는 재료를 '물질'이라고 해요. 사람들은 아주 오래 전부터 물질을 이루는 기본 요소가 무엇인지 알아내려고 노력했어요. 과학자들은 모든 물질은 분자로 이루어져 있으며, 분자는 원자로 이루어져 있다는 사실을 알아냈지요.

과학자들은 원자도 더 작은 여러 가지 입자로 이루어져 있다는 사실을 알아냈어요. 이런 입자들을 '소립자'라고 하는데 이해하기가 좀 어려워요. 그러니 여기에서는 그냥 원자를 물질을 이루는 기본 알갱이라고 생각하기로 해요. 그럼 분자와 원자가 무엇인지 설탕을 예로 설명해 볼게요.

설탕을 쪼개면 설탕가루가 됩니다. 설탕가루를 또 쪼개면 더 작은 설탕가루가 되겠지요. 이런 식으로 계속 쪼개다 보면 설탕의 성질을 유지하면서 가장 작은 알갱이에 도달할 거예요. 이 알갱이를 분자라

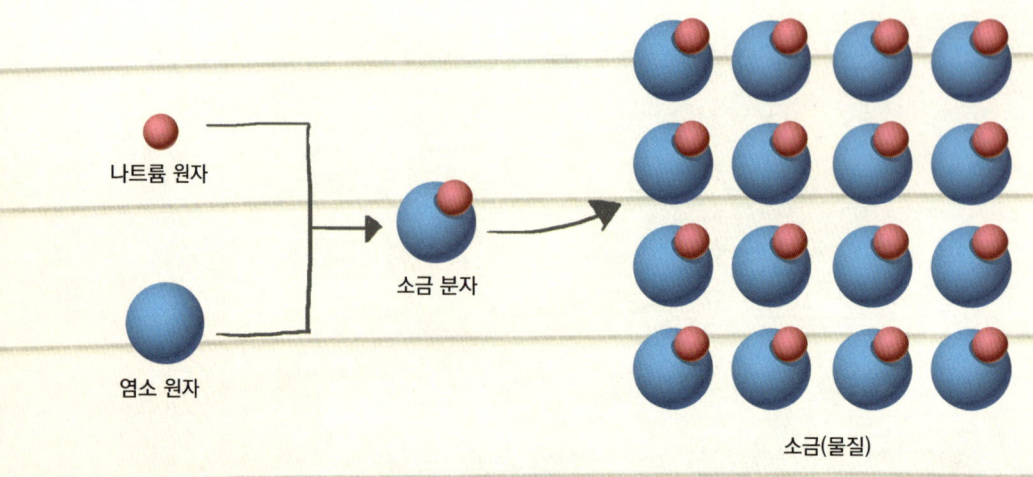

소금(물질)

고 해요.

설탕 분자는 단맛 같은 설탕의 성질을 그대로 갖고 있어요. 분자는 더 작은 알갱이로 쪼개질 수 있는데 이 알갱이를 원자라고 해요. 설탕 분자를 이루는 원자는 더 이상 단맛을 가지고 있지 않아요.

과학자들은 지금까지 100여 가지의 원자를 발견했어요. 수소, 산소, 탄소, 구리, 철, 우라늄 등이 바로 원자를 말해요. 분자는 이들 원자가 모여 만들어져요. 예를 들어 물 분자(H_2O)는 수소 원자 2개와 산소 원자 1개가 모여 만들어지지요. 이산화탄소 분자(CO_2)는 탄소 원자 1개와 산소 원자 2개가 모여 만들어져요. 그리고 이 분자들이 모여 우리 주변에 있는 수많은 물질이 되는 거예요.

대부분의 분자는 서로 다른 2종류 이상의 원자들이 모여 만들어지지만, 한 종류의 원자로 이루어진 분자도 있어요. 흑연은 탄소로 이루어진 물질이에요. 그런데 탄소 분자는 탄소 원자 1개로 이루어져 있어요. 탄소 원자가 바로 탄소 분자가 되는 셈이지요. 구리나 철도 탄소와 마찬가지예요.

수소나 산소도 이와 비슷해요. 그런데 수소 분자는 수소 원자 2개로 이루어져 있어요. 산소 분자도 산소 원자 2개로 이루어져 있지요. 그래서 우리가 보통 수소라고 말할 때에는 수소라는 물질을 뜻하기도 하고, 수소 분자나 수소 원자를 뜻하기도 해요.

보통 기체나 금속 같은 물질의 분자는 아주 단순해요. 두세 가지의 원자들 몇 개로 이루어지지요. 하지만 알코올이나 단백질, 설탕 같은 물질의 분자들은 여러 가지 원자들이 수십, 수백 개씩 모여 만들어져요. 이런 물질의 분자들은 아주 크고 무겁지요.

● 물질의 상태 변화

지구와 달 사이에는 서로 끌어당기는 힘인 중력이 작용해요. 그래서 달은 멀리 달아나지 못하고 언제나 지구 둘레를 돌지요. 원자와 원자, 분자와 분자 사이에도 중력은 아니지만 서로 끌어당기는 힘이 있어요. 이 힘 때문에 원자들이 모여 분자가 되고, 분자들이 모여 물질이 되는 거예요.

분자 사이에 작용하는 힘의 세기는 물질마다 조금씩 달라요. 철이나 구리 같은 금속의 분자들은 아주 세게 달라붙어 있어서 아주 단단해요. 소금이나 설탕의 분자들은 어느 정도 세기는 하지만 금속 분자들보다는 약해요. 그래서 망치로 툭 치기만 해도 쉽게 깨지지요. 그래서 가루로 만들기가 쉬워요.

소금이나 설탕 분자들은 서로 끌어당기는 힘이 약해서 물에 넣기만 해도 쉽게 떨어져 나와요. 이것을 우리는 녹는다고 하지요. 어쨌든 철이나 구리나 소금 같은 물질은 단단해서 그냥 놓아두면 모양이나 부피가 변하지 않아요. 이런 물질을 '고체'라고 해요.

물이나 알코올 같은 물질은 어떤가요? 분자들 사이의 힘이 약해서 분자들이 고정되어 있지 못하고 이리저리 돌아다녀요. 그렇다고 멀

리 달아나지는 않지만 말이에요. 그래서 물이나 알코올은 부피는 일정하지만 그릇에 담지 않으면 모양을 갖추지 못해요. 또 그릇을 기울이면 흐르기도 하지요. 이런 물질을 '액체'라고 해요.

수소나 이산화탄소, 또는 공기 같은 물질을 이루는 분자들 사이에 작용하는 힘은 액체보다 더 약해요. 그래서 이들의 분자들은 틈만 있으면 달아나려고 하지요. 아마 그릇에 담아 두지 않으면 지구 반대편까지라도 달아날 거예요. 이처럼 모양이나 부피를 갖추지 못하는 물질을 '기체'라고 하지요.

물질은 고체와 액체와 기체의 세 가지로 나뉜다고 했어요. 그렇다고 고체가 언제나 고체인 것은 아니에요. 사실 어떤 물질도 고체와 액체와 기체의 상태가 될 수 있어요. 분자들의 운동은 열에 따라 활발해지기도 하고, 둔해지기도 하기 때문이에요. 물의 상태 변화를 예로 들어 이 사실을 한번 알아보겠어요.

물은 액체예요. 물 분자들은 서로 끌어당기는 힘에 비해 운동이 아주 활발해요. 그래서 물 분자들은 서로 끌어당기는 힘을 이기고 어느 정도 자유롭게 움직일 수 있어요. 또 물 분자들 사이의 거리도 꽤 멀지요. 그런데 온도가 내려가면 물 분자들의 움직임이 둔해져요. 달아나려는 힘이 약해지니 상대적으로 서로 끌어당기는 힘이 세게 느껴지겠지요? 그래서 물 분자들 사이의 거리가 짧아져요.

물의 온도가 더욱 내려가면 물 분자들은 더 이상 돌아다니지 못하고 제자리에서 바르르 떨기만 해요. 또한 모양도 바뀌지 않고 흐르지도 못하게 되지요. 물이 얼어서 고체가 되어 버린 거예요. 이처럼 고체가 된 물을 얼음이라고 해요.

이번에는 물을 가열해 온도를 높여 보도록 하겠어요. 물을 가열하면 물 분자들의 운동이 더욱 활발해져요. 그래서 분자들 사이의 거리가 액체일 때보다 멀어지지요.

물의 온도가 더욱 높아져 부글부글 끓게 되면 물 분자들의 운동이 아주 활발해져서 서로 끌어당기는 힘을 이기고 멀리 달아날 수 있어요. 물이 끓어서 기체가 된 거예요. 이렇게 기체가 된 물을 수증기라고 해요.

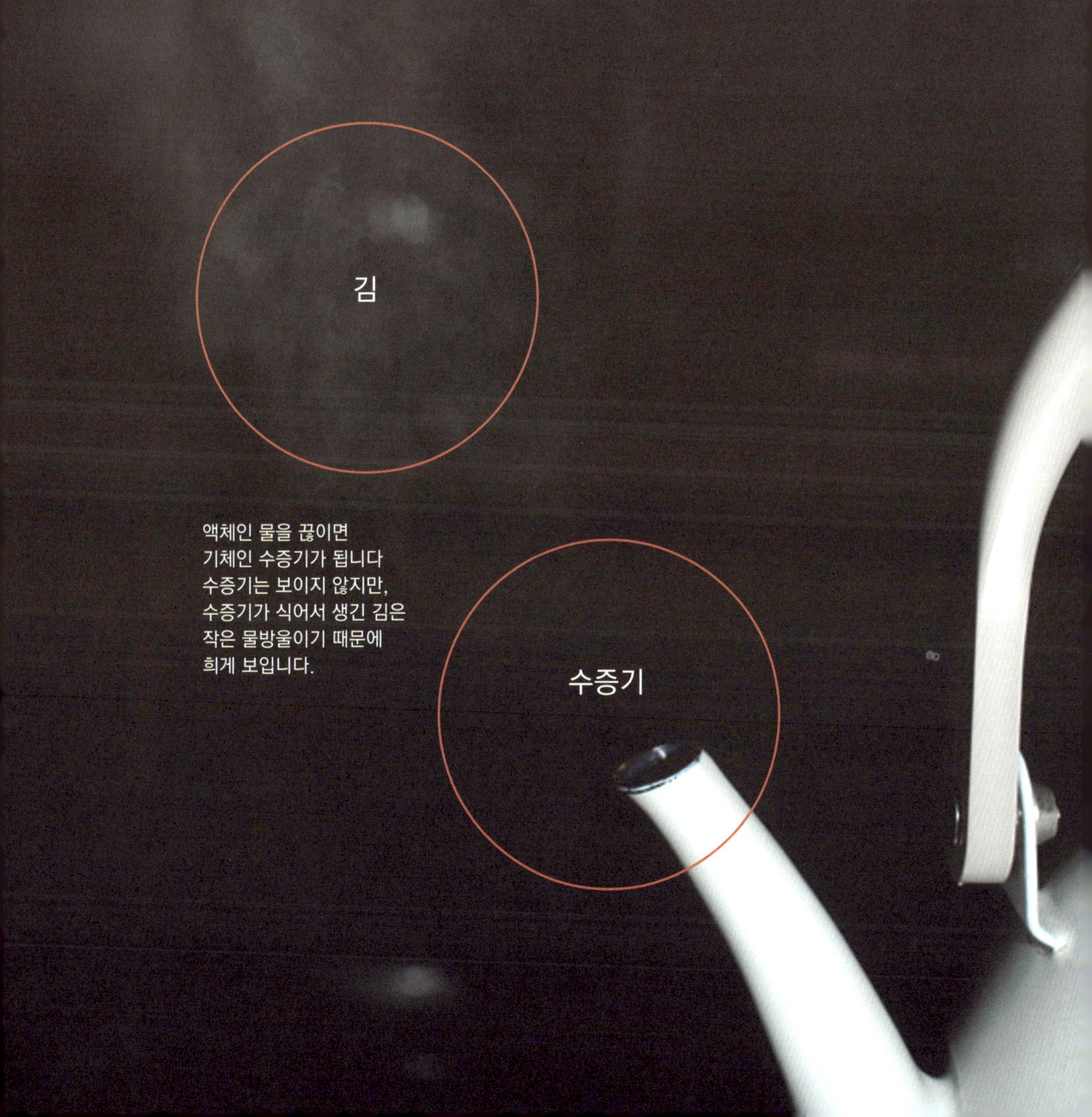

김

수증기

액체인 물을 끓이면
기체인 수증기가 됩니다
수증기는 보이지 않지만,
수증기가 식어서 생긴 김은
작은 물방울이기 때문에
희게 보입니다.

물질이 고체와 액체와 기체의 상태로 바뀌는 과정을 상태 변화라고 해요. 상태 변화는 온도 때문에 일어나지요. 물은 0℃에서 고체가 되고 100℃에서 기체가 되지만, 상태가 변하는 온도는 물질에 따라 달라요. 보통 기체는 영하 수십 도에서 고체가 되고, 금속은 1,000℃가 넘어야 액체가 되지요. 그러니까 어떤 물질이 고체냐 액체냐, 아니면 기체냐 하는 것은 생활 온도에서의 상태를 말하는 것일 뿐이에요.

● 얼음이 수면에서부터 어는 까닭은?

자, 이제 우리는 이번 질문에 답할 수 있게 되었어요. 물질은 분자들이 모여 이루어지며, 분자들 사이의 거리는 온도에 따라 조금씩 달라져요. 분자들 사이의 거리는 온도가 높아질수록 멀어지고, 온도가 낮아질수록 가까워지지요.

온도가 변하더라도 분자들의 크기는 변하지 않아요. 그렇다면 물질에 열을 가하면 부피가 늘어나는 이유는 무엇이겠어요? 물질을 이루는 분자 사이의 거리가 멀어지기 때문이에요.

이번 질문의 답은 좀 일찍 찾아냈어요. 금세 다음 질문으로 넘어가기 좀 허전하니까 한 가지 더 알아보기로 할까요? 아주 신비롭고 재미있는 현상을 하나 소개할게요.

앞에서 알아보았듯이 물체의 부피는 온도가 높아지면 커지고 온도가 낮아지면 작아져요. 그런데 이 법칙에 어긋나는 물질이 하나 있어요. 그건 바로 물이에요.

질량을 부피로 나눈 값을 '밀도'라고 해요. 질량이 같을 때에는 부피가 작아질수록 밀도가 높아져요. 그러니까 물체의 온도가 낮아지면 부피가 줄어들어 밀도가 높아지고, 물체의 온도가 높아지면 부피가 늘어나서 밀도가 작아지지요. 그런데 특이하게도 물의 밀도는 4℃에서 가장 커요. 이것은 물의 온도가 4℃ 아래로 떨어질 때에는 부피가 늘어난다는 뜻이에요.

물의 이런 특성 때문에 자연에서는 아주 놀라운 일들이 많이 일어나요. 그 중에서 몇 가지만 알아보도록 하지요.

첫째, 얼음이 물에 떠요. 만일 물이 얼면서 부피가 줄어든다면 얼음의 밀도가 물의 밀도보다 높을 거예요. 그렇게 되면 얼음의 부력이 작아져서 얼음은 바닥으로 가라앉을 거예요. 부피가 작아질수록 부력이 작아지잖아요.

둘째, 겨울에 물을 담아놓은 그릇이 깨져요. 옛날에는 진흙으로 구워 만든 항아리를 많이 썼어요. 여러 가지 음식이나 물을 항아리에 담아 보관했지요. 그런데 겨울에 물이 얼어 항아리가 깨지는 일이 많았어요. 물이 얼면서 부피가 늘어나기 때문에 그런 거예요. 요즘도 기온이 영하로 떨어지는 날이면 수돗물이 얼어서 수도관이 파열되기도 하잖아요.

물은 아주 단단한 바위를 깨기도 해요. 바위의 갈라진 틈에 스며든 물이 겨울에 얼면서 쐐기 역할을 하거든요. 산기슭에서 볼 수 있는 바위 조각들은 이렇게 쪼개진 것들이에요.

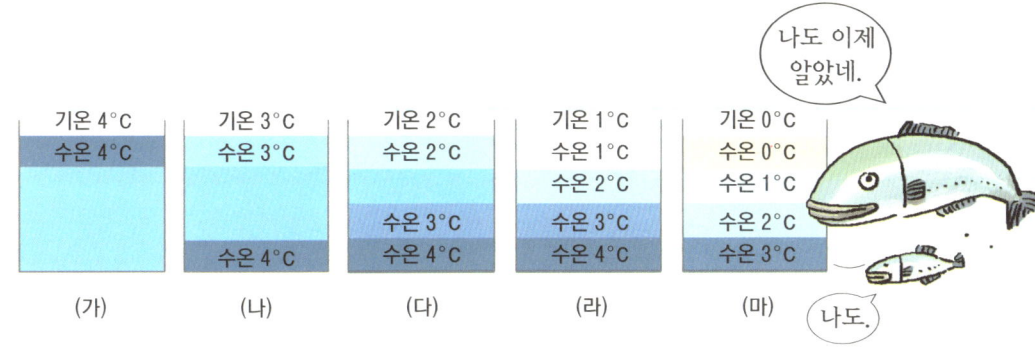

셋째, 호수는 수면부터 얼기 시작해요. 다음 그림을 보면서 설명을 잘 들어보세요.

수온은 기온보다 낮습니다. 그래서 기온이 낮아지기 시작하면 수면의 수온부터 낮아지기 시작하지요.

(가) 기온이 점점 내려가서 4℃가 되면 수면의 수온도 4℃가 됩니다.

(나) 4℃가 된 수면의 물은 호수 바닥으로 가라앉습니다. 4℃의 물이 가장 무겁기 때문이에요. 기온은 더 내려가 3℃가 되고, 그에 따라 수면의 수온도 3℃가 됩니다.

(다) 3℃가 된 수면의 물은 호수 바닥에 깔린 4℃의 물 위로 가라앉습니다. 그리고 기온이 2℃로 떨어지면 수면의 수온도 2℃가 되지요.

(라) 기온은 1℃까지 내려가고 호수는 바닥에서부터 4℃, 3℃, 2℃, 1℃의 물의 순서로 쌓입니다.

(마) 기온이 0℃가 되어도 수면의 물은 더 이상 내려가지 않습니다.

아래쪽에 무거운 물들이 쌓여 있기 때문이에요. 그래서 수면의 물이 그대로 얼기 시작합니다.

자, 어때요? 참으로 신비롭지요. 기온이 0°C 아래로 떨어지면 얼음은 점점 두꺼워져요. 하지만 얼음이 바닥까지 내려가기 전에 다시 봄이 찾아오기 때문에 호수물이 바닥까지 어는 경우는 별로 없어요. 만일 얼음이 물보다 더 무겁다면 어떻게 되겠어요. 호수가 바닥부터 얼기 때문에 물고기들은 모두 얼어 죽을 거예요.

물고기들이 겨우내 얼어 죽지 않고 살 수 있는 것은 바로 이와 같은 물의 신비 때문이에요!

5
소리는 어디에서 더 빠를까?
소리의 성질과 빠르기

● 물과 공기 속에서 소리의 속도는?

우리는 눈으로 사물을 보고 귀로 소리를 들어요. '보는 것이 믿는 것이다.'라는 말은 눈의 중요함을 나타내는 격언이에요. 눈이 중요하다고 해서 소리의 소중함이 덜한 것은 아니에요. 볼륨을 올리지 않고 텔레비전을 본 적 있나요? 아무리 재미있는 프로그램이라도 소리가 들리지 않으면 별로 흥이 나지 않아요.

소리는 세상을 보는 두 번째 눈이에요. 우리는 말을 듣고 상대방의

뜻을 이해하고, 음악을 들으며 기뻐하며, 천둥소리를 듣고 공포에 떨기도 하지요. 소리만 들으면 눈을 감고도 주변에서 어떤 일이 일어나는지 알 수도 있어요.

우리는 공기 속에서 살기 때문에 소리가 공기 속에서만 전달된다고 생각하기 쉬워요. 하지만 소리는 진공이 아닌 곳에서는 어디든지 전달되지요. 벽에 귀를 대면 옆집에서 나는 소리가 벽을 타고 전해져요. 싱크로나이즈드 스위밍 선수들은 물속에서 음악을 듣고 리듬을 맞추지요.

소리가 전달되는 속도는 물질에 따라 달라져요. 소리는 공기 속에서 1초에 300미터를 달리지요. 그렇다면 물속에서는 소리의 속도가 어떻게 될까요?

? 공기 속과 물속 중에서
어느 곳에서 소리가 더 빠르게 전달될까?

① 물속보다 공기 속에서 소리가 더 빠르게 전달된다.

② 공기 속보다 물속에서 소리가 더 빠르게 전달된다.

● 소리란 무엇일까?

다음 사진의 (가)처럼 고무줄을 팽팽하게 걸쳐놓아 보세요. 손가락으로 고무줄을 퉁기면 고무줄은 (나)처럼 진동하지요. 고무줄이 진동하는 동안 소리가 들릴 거예요. 이때 고무줄의 진동 폭을 잘 살펴보세요. 고무줄의 진동 폭은 (다)처럼 점점 줄어들어요. 그에 따라 소리도 점점 약해지지요. 고무줄의 진동이 멈추면 소리는 더 이상 나지 않아요.

이처럼 소리는 고무줄의 진동 때문에 생깁니다. 하지만 우리가 소

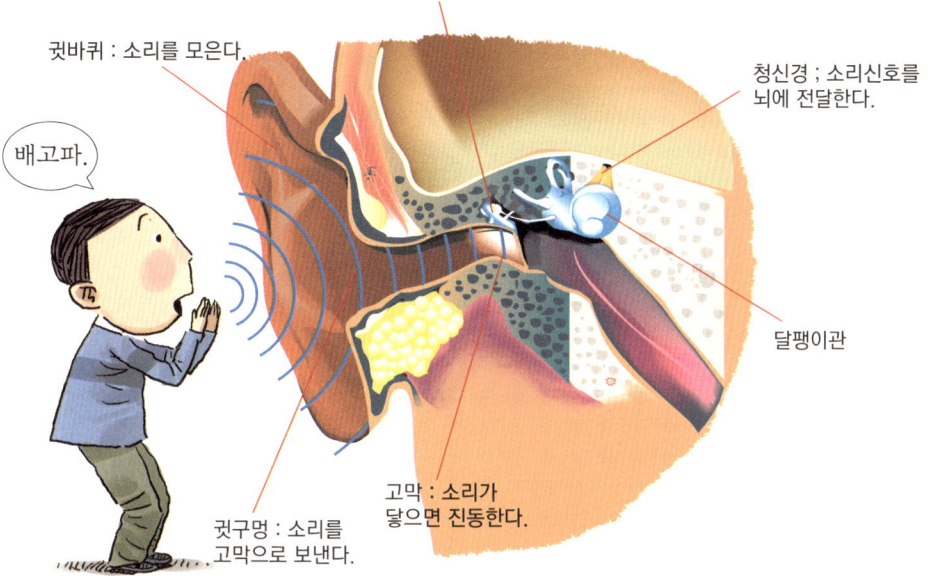

리를 듣기까지는 몇 가지 과정을 더 거쳐야 합니다. 먼저 진동하는 고무줄이 주변의 공기에 어떤 영향을 끼치는지 생각해 보세요. 고무줄이 진동함에 따라 주변의 공기도 진동을 하지요. 이 공기의 진동은 자꾸 옆으로 퍼져 나가요. 마치 물결이 퍼져 나가는 것처럼 말이에요.

사방으로 퍼져 나간 공기의 진동은 우리 귀까지 전달됩니다. 우리 귀의 귓구멍 속에는 고막이라고 하는 얇은 막이 있어요. 공기의 진동이 고막을 흔들면 그 신호가 신경을 통해 우리 뇌로 전달됩니다. 그때 비로소 우리 뇌는 어떤 소리가 어떻게 들리는지 판단하게 되는 것이지요.

고무줄을 한번 좀 세게 퉁겨 보세요. 고무줄의 진동 폭이 커지면서 큰 소리가 납니다. 고무줄의 진동 폭이 크면 공기를 세게 흔들고, 그만큼 고막도 세게 흔들립니다. 그래서 우리는 큰 소리로 듣게 되는 거예요.

이번에는 고무줄의 길이를 짧게 만들고 퉁겨 보세요. 고무줄이 더 빠르게 진동하지요. 이때에는 더 높은 소리, 즉 고음이 들립니다. 고무줄의 길이를 길게 하면 진동 속도가 느려지고 낮은 소리, 즉 저음이 들립니다. 이처럼 소리의 높고 낮음은 고무줄의 진동 속도에 따라 달라져요.

만일 고무줄을 꽤 길게 만들어서 진동 속도가 아주 느리게 하면 어떻게 될까요? 소리가 너무 낮아서 들리지 않게 됩니다. 물체가 1초에 진동하는 횟수를 '주파수'라고 해요. 물체는 진동수가 많을수록 높은 소리가 나고, 진동수가 작을수록 낮은 소리를 내지요. 그런데 사람이 들을 수 있는 진동수에는 한계가 있어요.

사람은 보통 주파수가 20~20,000 사이인 소리만 들을 수 있어요. 주파수가 20보다 작은 소리는 너무 낮아서 들을 수 없고, 20,000보다 큰 소리는 너무 높아서 들을 수가 없는 것이지요.

마지막으로 고무줄 대신 가는 철사 줄을 퉁겨 보세요. 고무줄과 길이가 같게 하고, 같은 세기로 퉁겨도 뭔가 다른 소리가 나지요. 이처럼 소리를 내는 물체에 따라 다르게 들리는 소리의 느낌을 소리의 맵시, 또는 '음색' 이라고 해요. 우리가 여러 가지 악기 소리를 구별할 수 있는 것은 바로 악기마다 소리의 맵시가 다르기 때문이에요.

소리의 세기는 진동 폭에 따라 달라지고, 소리의 높이는 진동 속도에 따라 달라지며, 소리의 맵시는 물체에 따라 달라져요. 소리의 세기, 높이, 맵시라는 3가지 성질을 '소리의 3요소' 라고 해요. 모든 소리는 이 3가지 요소에 따라 구별되지요.

● 소리는 왜 멀리 갈수록 약해질까?

제트 여객기의 엔진소리는 귀청이 떨어져 나갈 정도로 요란해요. 하지만 높은 하늘에서 날아가는 제트 여객기는 아주 조용하지요. 그렇게 요란하던 소리가 어째서 먼 곳에서는 들리지 않는 것일까요? 멀어질수록 소리가 약해지는 것은 소리가 사방으로 퍼져 나가기 때문이에요.

소리가 약해지는 원리를 쇠구슬에 비유해서 알아보기로 해요. 그

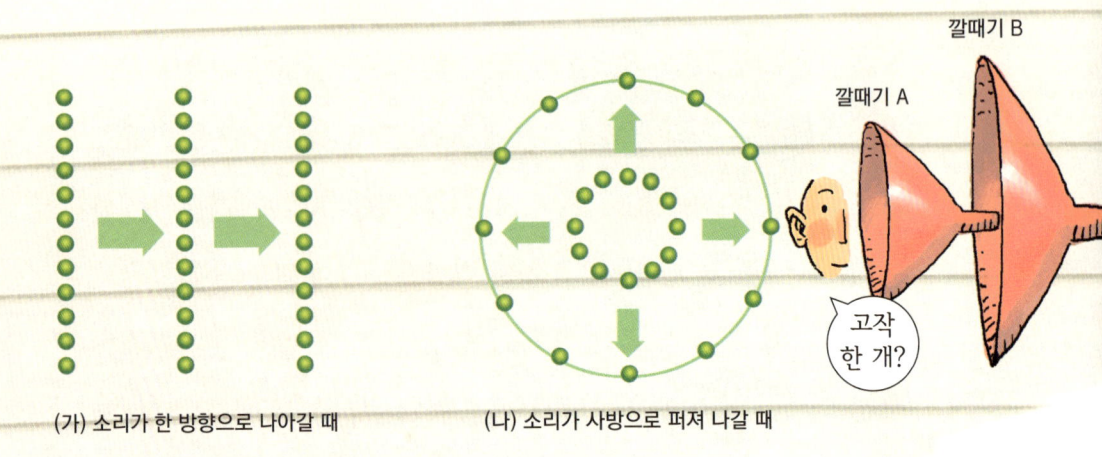

(가) 소리가 한 방향으로 나아갈 때   (나) 소리가 사방으로 퍼져 나갈 때

림 (가)처럼 쇠구슬이 한 방향으로 나아갈 때는 아무리 멀리 가더라도 쇠구슬이 미치는 힘이 약해지지 않아요. 하지만 (나)처럼 쇠구슬이 사방으로 퍼져 나갈 때에는 쇠구슬 사이가 벌어지지요. 그래서 쇠구슬이 미치는 힘이 점점 약해지는 거예요.

그러므로 소리의 세기는 거리에 따라 아주 빠르게 약해져요. 거리가 2배이면 소리의 세기는 4(=2×2)분의 1, 거리가 3배이면 소리의 세기는 9(=3×3)분의 1로 약해지지요. 같은 숫자를 2회 곱한 값을 제곱이라고 해요. 4는 2의 제곱, 9는 3의 제곱이지요. 따라서 소리의 세기는 거리의 제곱 배만큼 약해지는 거예요.

소리의 원리를 알면 멋진 도구를 만들 수도 있어요. 약해진 소리를 잘 들을 수 있는 깔때기처럼 말이에요. 그림 (나)에서 귀에 들어오는 쇠구슬 수는 1개예요. 귓바퀴가 작기 때문이에요. 그런데 귓바퀴를 깔때기 A처럼 크게 만들면 귀와 같은 위치에서도 3개의 쇠구슬을 받을 수 있어요. 또 깔때기 B는 5개의 쇠구슬을 받을 수 있지요.

 여기에서 쇠구슬은 소리를 뜻해요. 그러니까 깔때기를 이용하면 약해진 소리를 많이 담아서 크게 들을 수 있는 거예요. 우리도 작은 소리를 들을 때 손을 귀에 가져가잖아요. 그때 바로 손이 깔때기 역할을 하는 거예요. 토끼나 다람쥐 같은 약한 동물들은 귀가 커서 작은 소리도 잘 들을 수 있어요. 그래야 위험할 때 빨리 도망갈 수 있기 때문이지요.

소리를 모을 수 있다면 소리의 방향을 모을 수는 없을까요? 깔때기를 한번 뒤집어 보세요. 깔때기의 관에 대고 소리를 지르면 깔때기를 쓰지 않았을 때보다 더 먼 곳에서도 소리를 들을 수 있어요. 소리가 심하게 퍼지지 않고 한쪽 방향으로 나아가기 때문이지요. 이처럼 소리를 한 방향으로 모으는 도구를 메가폰이라고 해요.

● **소리도 반사하고 굴절한다**

소리와 빛은 모두 파동의 성질을 가지고 있어요. 그래서 비슷한 점이 많지요. 그 중 가장 비슷한 점은 아마 반사와 굴절일 거예요.

사방이 벽으로 둘러싸인 실내에서 힘차게 손뼉을 쳐 봐요. 손뼉은 틀림없이 한 번 쳤는데 소리는 여기저기에서 여러 번 날 거예요. 소리가 이 벽 저 벽에 부딪쳐 우리 귀로 다시 돌아오기 때문이지요. 이처럼 소리가 다른 물체에 부딪쳐 다시 돌아오는 현상을 '반향'이라고 해요. 흔히 메아리라고도 하지요. 물론 소리는 벽에 한 번 부딪쳐 돌아올 때마다 점점 약해져서 결국 들리지 않게 됩니다.

박쥐는 반향을 아주 효율적으로 이용하는 동물이에요. 박쥐는 동굴처럼 어두운 곳에서 살며, 주로 밤에 많이 활동해요. 그래서 눈은 거의 소용이 없고 소리를 이용해 사물을 봐요. 박쥐는 사람이 들을 수 없는 초음파를 만들 수도 있고 들을 수도 있어요. '초음파'는 주파수가 20,000이 넘는 소리를 말하는데, 잘 흩어지지 않고 한 방향으로 곧게 나아가는 성질을 가지고 있지요.

박쥐는 초음파를 사방으로 쏘아대며 날아다녀요. 그리고 물체에 부딪쳐 돌아오는 반향을 듣고 어떤 물체가 어느 곳에 있는지 판단하지요. 예를 들어 반향이 없다면 그쪽에는 장애물이 없다는 뜻이에요.

또 반향이 빨리 돌아오면 그만큼 가까운 곳에 장애물이 있다는 뜻이지요. 돌고래도 박쥐와 마찬가지로 초음파로 먹이를 찾는다고 해요.

우리도 박쥐나 돌고래처럼 반향을 이용하여 먼 거리를 잴 수가 있어요. 산에 갔을 때 저 멀리 보이는 절벽에 대고 소리를 질러 보세요. 그리고 메아리가 들릴 때까지 4초가 걸렸다고 생각해 보지요. 이것은 메아리가 절벽까지 갔다 오는 데 4초 걸렸다는 뜻이에요. 그러니 절벽의 거리는 소리의 속도에 2초를 곱하면 되지요. 소리는 1초에 약 300m를 달린다고 했으니 절벽의 거리는 300×2, 즉 600m예요.

이번에는 소리의 굴절에 대해 알아보도록 하지요. 소리의 굴절은 소리의 속도가 기온에 따라 달라지기 때문에 일어나는 현상이에요. 소리는 따뜻한 공기에서 빠르게 전달되고, 차가운 공기에서 느리게 전달되어요.

먼 곳에서 기차가 지나간다고 생각해 보세요. 낮에는 지표가 햇볕을 충분히 쬐기 때문에 지표 근처의 공기가 따뜻하고 위로 올라갈수록 차가워져요. 그 결과 기차 소리는 지표에서 빠르고 공중에서 느리기 때문에 기차 소리는 공중으로 구부러져요.

밤에는 지표가 빨리 식기 때문에 따뜻하고 차가운 공기의 위치가 바뀌어요. 그래서 기차 소리는 지표로 구부러지지요. 낮보다 밤에 먼

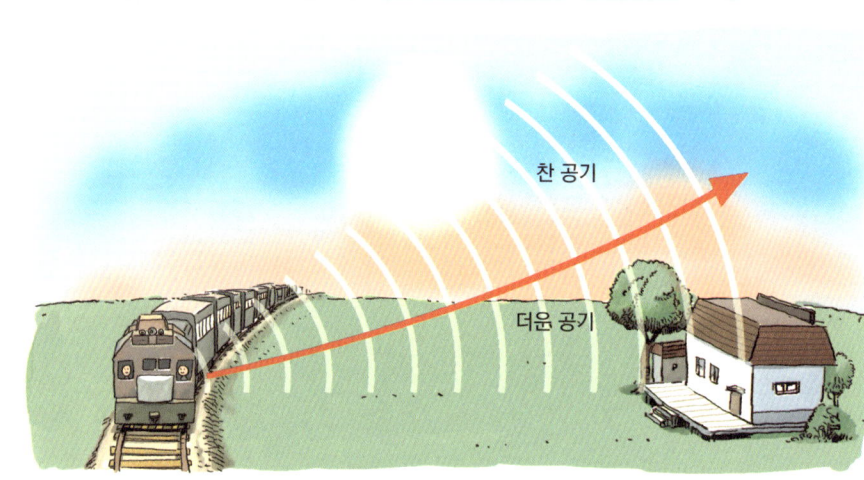

낮 : 소리가 공중으로 구부러진다

밤 : 소리가 지표로 구부러진다

곳의 기차 소리가 잘 들리는 이유는 바로 이 때문이에요.

● **매질과 소리의 속도**

 번개는 구름과 구름, 또는 구름과 지표 사이에서 일어나는 전기 방전 현상이에요. 번개가 치면 잠시 후 천둥소리가 들리지요. 번개와 천둥은 동시에 만들어져요. 그런데 어째서 천둥이 번개보다 늦게 도착할까요?

 우리는 번개에서 나오는 빛을 봐요. 빛은 1초에 30만km라는 엄청난 빠르기로 전달되지요. 빛은 번개가 침과 거의 동시에 우리에게 전달되는 거예요. 하지만 소리는 1초에 300m쯤의 속도로 전달되어요.

 이 사실을 이용하면 번개가 친 곳의 거리를 잴 수도 있어요. 번개가 친 뒤 천둥소리가 들릴 때까지 5초가 걸렸다고 생각해 봐요. 그렇다면 번개가 친 곳의 거리는 300×5, 즉 1,500m쯤 되는 거예요.

 지금까지 우리는 주로 공기 속에서 전달되는 소리에 대해 알아보았어요. 공기 속에서 소리의 속도는 기온에 따라 달라져요. 기온이 높을수록 빨라지는 것이지요. 그렇다면 물이나 나무 또는 금속 같은 물질에서는 소리가 어떻게 전달될까요? 그 전에 잠시 알아보아야 할 것이 있어요. 소리가 공기 속에서 어떻게 전달되는지 들여다보는 거예요. 그걸 알아야 소리가 다른 물질에서 어떻게 전달되는지 알 수 있잖아요.

다음 쪽에 있는 그림에서 공기가 진동하는 모습은 눈으로 확인할 수는 없어요. 그냥 설명을 들으면서 마음의 눈으로 보도록 하세요.

U자 모양으로 된 금속 막대를 '소리굽쇠'라고 불러요. 소리굽쇠를 두드리면 쇠막대가 진동하면서 소리가 나요. 진동하는 쇠막대가 주변의 공기를 진동시키기 때문이지요. 소리굽쇠 옆에 기다란 관을 놓아 볼게요. 공기의 진동은 이 관 속을 지나며 전달되지요.

소리굽쇠가 공기를 한 번 밀면 그 부분의 공기는 짙어져요. 그리고 소리굽쇠가 뒤로 밀려나면 그 부분의 공기는 다시 옅어지지요. 공기의 짙고 옅은 부분은 소리굽쇠가 진동할 때마다 반복되면서 계속 옆으로 이동해요. 이것이 바로 소리의 전달이에요. 이 진동이 우리 귓속의 고막을 흔들면 소리가 들리는 거예요.

알고 보면 소리라는 건 아무것도 아니에요. 그냥 공기 분자를 밀고 당기는 것이잖아요. 그렇게 하면 공기 분자들은 압축되고 풀리기를 되풀이해요. 다시 말해 소리굽쇠의 압력이 공기를 통해 전달되는 거예요.

　공기 분자들은 서로 아주 멀리 떨어져 있어요. 그래서 옆의 분자들을 미는 데 오래 걸리지요. 이런 물질을 기체라고 불러요. 그런데 분자들이 공기보다 더 빽빽한 물질은 어떻겠어요. 옆의 분자를 훨씬 더 빠르게 밀 거예요. 다시 말해 밀도가 높은 물질일수록 압력을 더 잘 전달한다는 거예요. 그렇다면 그런 물질이 소리를 더 빠르게 잘 전달하지 않겠어요?

　자, 이제 이번 질문의 답을 알겠지요? 물 분자들은 공기 분자들보다 훨씬 가깝고 빽빽하게 차 있어요. 그래서 옆의 분자에게 압력을 더

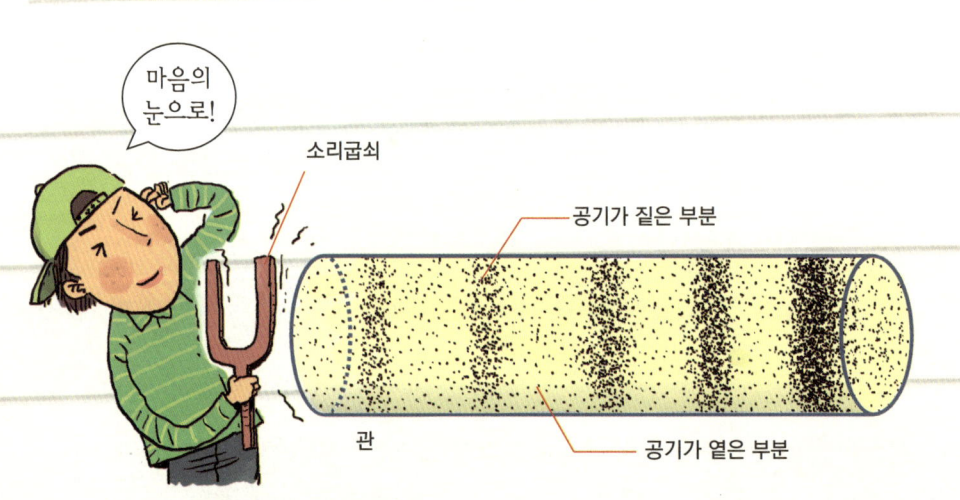

잘 전달하고, 소리도 더 빠르게 전달하지요. 소리는 물속에서 1초에 1,500m쯤의 거리를 달린다고 해요. 공기보다 3배쯤 빠르게 소리를 전달하는 셈이지요.

소리의 전달 속도가 꼭 물질의 밀도에만 관계되는 것은 아니라고 해요. 하지만 물질의 밀도가 소리의 속도를 좌우하는 중요한 요인임에는 틀림없어요. 물에 살짝 뜨는 나무는 소리를 물보다 약간 느리게 전달해요. 철봉을 한번 두드려 보세요. 소리가 아주 빠르게 전달될 거예요. 철은 물보다 소리를 3배쯤 빠르게 전달한답니다.

6
야구배트의 과학

수평 저울과 지레

● 야구배트를 반으로 자르면?

굵기가 고른 막대의 가운데를 받치면, 막대는 수평을 이룹니다. 이 막대의 양쪽 끝에 접시를 매달고 물체를 올려놓으면 수평 저울이 되지요. 야구배트처럼 굵기가 다른 물체의 수평을 잡기는 좀 어려워요. 이런 물체의 가운데를 받치면 굵은 쪽으로 기울지요.

야구배트처럼 굵기가 다른 물체의 무게 중심은 굵은 쪽에 있어요. 야구배트의 무게 중심을 이렇게 찾아보세요. 받침대를 가운데에서 조금씩 굵은 쪽으로 이동하는 거예요. 그러다 보면 언젠가는 야구배트가 수평을 이루게 될 거예요.

굵기가 고른 막대가 수평을 이루었을 때, 받침대 부분을 잘라 보세요. 그리고 막대의 양쪽 부분을 수평 저울에 올려놓으면 수평을 이룹니다. 이번에는 야구배트가 수평을 이루었을 때, 받침대 부분을 잘라 보세요. 야구배트는 굵은 부분과 가는 부분의 둘로 나뉘어집니다. 이 두 부분을 수평 저울의 양쪽에 올려놓으면 어떻게 될까요?

수평을 이룬 야구배트를 받침대에서 잘라 양쪽 부분을 수평 저울에 올려놓으면 어떻게 될까?

1. 수평 저울은 수평을 이룬다.

2. 수평 저울은 굵은 부분이 놓인 쪽으로 기운다.

3. 수평 저울은 가는 부분이 놓인 쪽으로 기운다.

● 물체의 무게가 모이는 곳, 무게 중심

기다란 물체를 받침대 위에 가로로 놓았을 때 어느 쪽으로도 기울지 않는 상태를 수평이라고 합니다. 먼저 굵기가 고른 막대를 생각해 보세요. 이 막대는 가운데를 받치면 수평을 이룹니다. 그런데 막대가 수평을 이루는 이유는 무엇일까요? 양쪽의 길이가 같기 때문이라고요?

굵기가 고른 막대에서는 이 대답도 맞는다고 할 수 있어요. 하지만 야구배트처럼 양쪽의 굵기가 다른 막대는 중간을 받쳤을 때 수평을 이루지 않아요. 따라서 양쪽의 길이가 같기 때문이라는 대답은 언제나 맞는 답이 아니에요. 올바른 답은 받침대가 무게 중심을 받치고 있기 때문이에요.

무게 중심은 물체의 무게가 작용하는 한 점이에요. 기다란 막대는 물론 판 모양의 물체와 덩어리 모양의 물체도 모두 무게 중심을 가지고 있어요. 이 무게 중심을 받치면 어느 쪽으로도 기울지 않지요.

두꺼운 종이나 판때기로 원판을 만들고, 원의 가운데에 실을 꿰어 매달아 보세요. 원판은 어느 쪽으로 기울지도 않고 수평을 이룰 거예요. 원판의 무게 중심이 가운데에 있기 때문이지요. 원판처럼 좌우의

모양이 같은 물체는 무게 중심을 찾기가 쉬워요. 하지만 불규칙한 모양의 물체에서는 무게 중심을 찾기가 좀 어렵지요.

수평 저울은 막대의 수평을 이용해 물체의 무게를 비교할 수 있도록 만든 도구예요. 수평 저울의 양쪽에 물체를 올려놓으면 무거운 쪽으로 기울지요. 수평 저울이 수평을 이루면 양쪽 물체의 무게가 같은 거예요. 수평 저울이 수평을 이룰 때 한쪽 물체의 무게를 미리 알고 있다면 다른 쪽의 무게를 잴 수도 있어요.

'분동'은 무게가 알려진 작은 추를 말해요. 분동은 가벼운 것에서 무거운 것까지 여러 종류가 있어요. 그래서 여러 개의 분동을 조합하면 웬만한 물체의 무게는 다 잴 수 있지요. 예를 들어 수평 저울의 한쪽에 어떤 물체를 올려놓고, 다른 쪽에 분동을 하나씩 올려놓아 보세요. 수평 저울이 수평을 이룰 때 분동의 무게를 더하면 바로 그 물체

의 무게가 되지요.

다음 그림처럼 수평 저울이 수평을 이루었어요. 오른쪽 물체의 무게는 얼마일까요? 그건 아주 간단해요. 왼쪽에 올려놓은 분동의 무게를 더하기만 하면 되지요. 분동을 올려놓을 때는 무거운 것부터 올려놓는 것이 좋아요. 1g 분동을 먼저 올려놓는다고 생각해 보세요. 23개를 올려놓아야 수평을 이루잖아요.

처음에 10g 분동 1개와 5g 분동 2개를 올려놓아 보아요. 처음엔 물체 쪽으로 기울 거예요. 여기에 5g 분동 하나를 더 올려놓으면 저울은 분동을 올려놓은 쪽으로 기울 거예요. 분동을 너무 많이 올려놓았기 때문이지요. 그럼 5g 분동 하나를 빼고 이제부터 1g 분동을 올려놓는 거예요. 1g 분동을 모두 3개 올려놓으면 수평을 이루는군요. 이때 분동의 무게를 모두 더하면 그 물체의 무게가 되는 거랍니다.

● 팔의 길이가 다른 수평 저울

　수평 저울에서 양쪽 물체의 무게가 같으면 수평을 이룬다고 했어요. 그런데 물체의 무게가 달라도 수평을 잡을 수가 있어요. 야구배트처럼 굵기가 일정하지 않은 물체는 무게 중심이 굵은 쪽에 있다고 했지요. 이와 마찬가지로 수평 저울에서 받침대를 무거운 물체 쪽으로 옮기면 수평 저울이 수평을 이룰 수 있는 거예요.

　수평 저울에서는 받침대가 고정되어 있기 때문에 받침대를 옮길 수 없다고요? 그럼 받침대는 그냥 두고 물체를 받침대 쪽으로 옮기면 되지요. 한번 직접 해 볼까요? 양쪽 팔의 길이가 각각 2m인 수평 저울이 있어요. 이 수평 저울 왼쪽에 1kg의 물체, 그리고 오른쪽에 2kg의 물체를 올려놓아 수평을 잡으려고 해요.

　두 물체를 수평 저울의 양 끝에 올려놓으면 2kg 쪽으로 기울 거예요. 그럼 2kg 물체를 받침대 쪽으로 조금씩 옮겨 봐요. 어느 순간 수평 저울이 수평을 이루게 될 거예요. 이때 2kg 물체가 받침대에서 얼마나 떨어져 있는지 재 보세요. 아마 1m일 거예요.

　여기에서 우리는 아주 중요한 원리를 하나 배울 수 있어요. 무게가 다른 두 물체가 수평을 이룰 경우 왼쪽 팔의 길이에 왼쪽 물체의 무게

를 곱한 값은 오른쪽 팔의 길이에 오른쪽 물체의 무게를 곱한 값과 같다는 거예요. 한번 그림의 수평 저울에서 계산을 해 봐요. 왼쪽과 오른쪽 물체의 무게와 팔의 길이의 곱이 1×2=2×1=2가 되어 같잖아요.

만일 오른쪽에 4kg 물체를 올려놓는다면 받침대에서 0.5m 떨어져야 할 거예요. 그렇게 해야 무게에 거리를 곱한 값이 4×0.5, 즉 2가 되니까요.

위 그림의 수평 저울에서 한 가지 더 생각해 볼 게 있어요. "왼쪽과 오른쪽의 물체가 수평을 이루고 있는데 두 물체의 무게는 다르다."는 거예요. 이 사실을 잘 생각하면 이번 질문의 해답을 찾을 수 있어요. 다음 그림을 보면서 설명을 잘 들어 보세요.

[그림 1]에서 보듯이 수평을 이루는 야구배트를 이렇게 생각할 수도 있어요. 야구배트의 왼쪽 부분의 무게 중심과 오른쪽 부분의 무게 중

[그림 1]

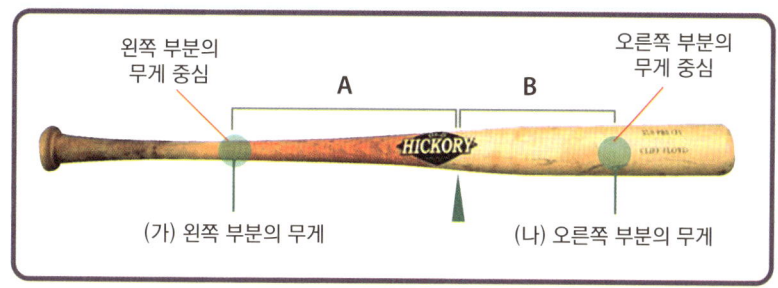

[그림 2]

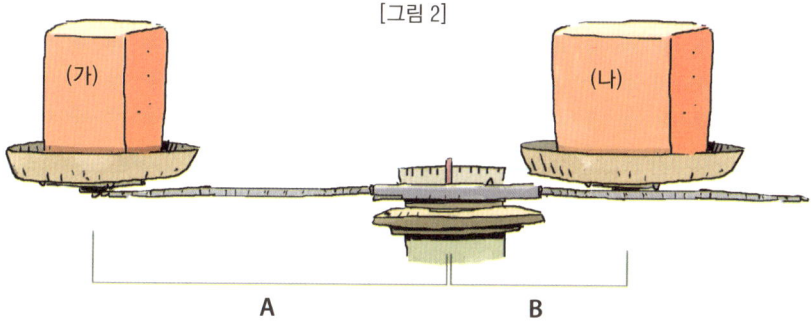

심이 수평을 이룬다고 말이에요. 이때 A와 B는 어느 쪽이 길까요? 당연히 A가 길어요. [그림 1]을 수평 저울로 바꿔 그리면 [그림 2]처럼 될 거예요.

[그림 2]에서 수평 저울은 수평을 이루고 있으며 A가 B보다 길어요. 그렇다면 (가)와 (나)는 어느 것이 더 무거울까요? (가)×A=(나)×B라는 식이 성립하려면 (가)보다 (나)가 무거워야 해요. 여기에서 (가)는 야구배트의 왼쪽 부분이고, (나)는 야구배트의 오른쪽 부분이에요.

그러니까 수평을 이룬 야구배트를 반으로 잘랐을 때 오른쪽, 즉 굵은 쪽이 더 무겁다는 것이지요.

어떻게 보면 참 간단한 질문을 복잡하게도 생각했어요. 하지만 우리에게 중요한 것은 답이 아니에요. 그 답을 찾아가는 데 필요한 지식과 원리를 이해하는 거예요. 그럼 이 질문에 대한 검토는 여기에서 끝난 것이냐고요? 그렇지 않아요. 수평 저울에는 지레와 여러 가지 편리한 도구처럼 우리 생활에 아주 중요한 원리가 숨어 있어요. 이제부터 그 원리를 더 알아보기로 해요.

● **수평 저울과 지레**

팔의 길이가 다른 수평 저울에서 가장 중요한 사실은 무거운 물체와 가벼운 물체가 수평을 이룬다는 거예요. 무게는 힘이에요. 물체를 들 때 힘이 들잖아요. 그렇다면 팔의 길이가 다른 수평 저울은 작은 힘으로 큰 힘을 낼 수 있음을 뜻하지 않겠어요?

수평 저울이란 쉽게 말해 기다란 막대예요. 기다란 막대 하나로 큰 힘을 낼 수 있다! '지레의 원리'라고 하는 이 원리를 맨 처음 발견한

사람은 고대 그리스의 과학자 아르키메데스예요.

　예를 들어 12kg 물체를 들어 올린다고 생각해 보세요. 당연히 12kg의 힘이 있어야 해요. 그런데 길이가 다른 수평 저울에서는 팔의 길이를 다르게 하면 4kg의 힘은 물론 1kg의 힘으로 12kg의 물체를 들 수 있어요. 팔의 길이를 길게 할수록 적은 힘으로 12kg 물체를 들 수 있는 것이지요.

　우리 생활에는 지레의 원리가 많이 쓰이고 있어요. 지레의 성질은 '받침점', '작용점', '힘점' 이라는 세 점에 의해 좌우되지요. 또 지레는 이 세 점의 위치에 따라 1종, 2종, 3종 지레의 세 종류로 나뉘어요.

　받침점이 가운데에 있는 1종 지레는 우리가 흔히 생각하는 지레예요. 이 지레의 특징은 힘점과 작용점의 운동 방향이 다르다는 거예요. 그래서 작용점에 걸리는 힘과 반대 방향의 힘을 주어야 해요. 예를 들어 가위를 생각해 보세요. 아랫날은 위에서 밑으로 누르고 윗날은 밑에서 위로 누르잖아요.

2종 지레에서는 작용점이 가운데 있어요. 그래서 힘점과 작용점이 같은 방향으로 움직이지요. 병따개는 잘 알려진 2종 지레의 하나예요. 병따개의 받침점은 손잡이의 반대쪽 끝에 있고, 작용점은 받침점과 손잡이 사이에 있어요. 힘점은 손잡이에 있지요.

병따개의 작용점을 병뚜껑의 아래쪽에 받치면, 받침점은 병뚜껑 위에 놓일 거예요. 이때 손잡이를 위로 올려 보세요. 작용점도 위로 올라가며 병뚜껑이 열려요. 종이에 구멍을 뚫는 펀치도 2종 지레예요. 펀치의 손잡이를 누르면 펀치의 날이 종이를 누르면서 구멍이 뚫리지요.

힘점이 가운데에 있는 지레를 3종 지레라고 해요. 그런데 3종 지레에서는 받침점과 힘점 사이의 길이가 받침점과 작용점 사이의 길이보다 짧아요. 이것은 힘점에 큰 힘을 주더라도 작용점에는 작은 힘이 작용한다는 뜻이지요. 큰 힘으로 작은 힘을 얻는 지레라는 것이 좀 이상하지요?

지레라고 해서 꼭 큰 힘을 얻어야 하는 것은 아니에요. 어떤 경우에는 작은 움직임을 큰 움직임으로 만들어야 할 때도 있지요. 3종 지레의 그림에서 힘점을 약간 움직여 보세요. 작용점은 힘점보다 많이 움직이지요. 3종 지레는 이처럼 힘의 이득보다는 움직임의 이득이 필요한 도구에 쓰이는 원리예요.

예를 들어 낚싯대를 생각해 보세요. 물고기가 바늘을 물면 낚싯대를 빨리 움직여야 해요. 이때 낚싯대의 손잡이를 받치고 중간 부분을 힘차게 올리면 낚싯대의 끝 부분은 큰 동작으로 움직이지요.

또한 야구배트도 3종 지레라고 할 수 있어요. 왼손으로 야구배트의 손잡이, 그리고 오른손으로 손잡이의 바로 윗부분을 잡고 휘두르잖아요. 물론 야구공을 치는 작용점은 배트의 굵은 부분에 있지요.

● 축바퀴와 도르래

야구배트를 이용해 한 가지 더 배워 보기로 할까요? 어머니와 함께 야구배트의 양쪽 끝 부분을 쥐어 보세요. 이때 여러분이 굵은 쪽을 쥐어야 해요. 그리고 반대 방향으로 돌리는 시합을 하는 거예요. 아무래도 어머니는 어른이기 때문에 힘이 더 셀 거라고요? 하지만 승부는 겨뤄 봐야 하는 것. 아마 굵은 쪽을 쥔 사람이 이기게 될 거예요.

야구배트는 가로 방향에서 보면 길쭉하지만 세로 방향에서 보면 마치 바퀴처럼 둥글어요. 둥근 물체는 축을 중심으로 돌릴 수가 있지

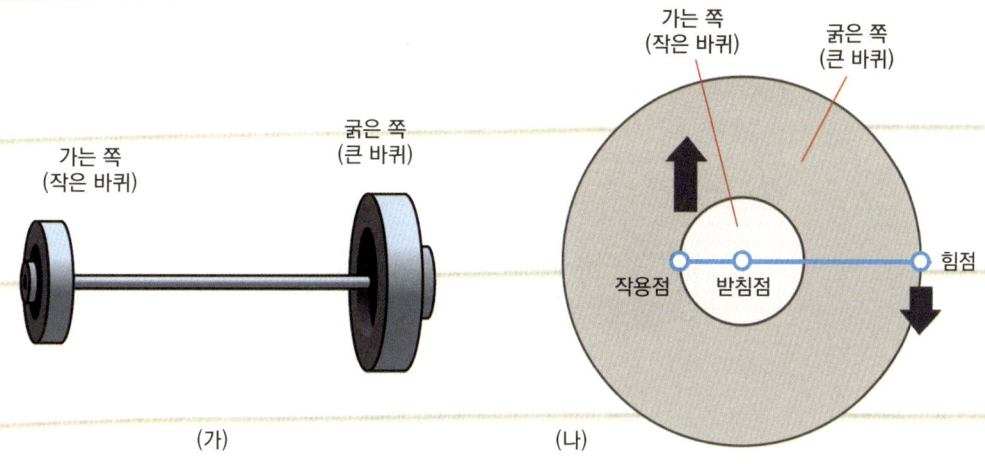
(가)　　　　　　　　　　　(나)

요. 야구배트 돌리기 시합은 바로 이 축을 중심으로 돌리는 거예요. 그런데 이때에도 지레의 원리가 적용되지요. 그래서 작은 힘으로 큰 힘을 낼 수도 있어요.

　야구배트의 모양을 그림 (가)처럼 조금 바꾸어 보았어요. 이렇게 해야 이해하기 쉽거든요. 야구배트는 기다란 축에 고정된 두 개의 바퀴 모양을 하고 있어요. 이처럼 축이 고정된 바퀴를 '축바퀴'라고 해요. 이 축바퀴를 작은 바퀴 쪽에서 큰 바퀴 쪽으로 보면 그림 (나)처럼 되지요.

　그림 (나)에서 여러분은 야구배트의 굵은 쪽, 즉 큰 바퀴를 돌려요. 그럼 야구배트의 가는 쪽, 즉 작은 바퀴에 힘이 작용하지요. 그런데

그림 (나)에서 알 수 있듯이 야구배트는 마치 중심축을 받침점으로 하는 1종 지레와 같아요. 그래서 작은 힘으로 굵은 쪽을 돌리면 가는 쪽에는 큰 힘이 작용하지요. 만일 굵은 쪽이 가는 쪽보다 두 배 굵다면 여러분은 두 배의 힘을 낼 수 있는 거예요.

우리 주변에는 축바퀴를 이용한 도구들이 꽤 많아요. 드라이버나 문의 손잡이를 보세요. 손잡이가 돌아가는 축보다 굵기 때문에 적은 힘으로 돌릴 수 있지요. 또 자동차 핸들도 축바퀴예요. 버스나 트럭처럼 차가 클수록 핸들도 커요. 그래야 더 큰 힘을 내기 때문이지요.

축바퀴와 비슷하게 생긴 도구에 도르래가 있어요. 도르래는 축바퀴와 달리 바퀴가 축에 고정되어 있지 않고 빙빙 돌아요. 도르래의 가장자리에는 홈이 패어 있는데 이 홈에 굵은 줄이 감기게 되지요. 도르래는 이 줄의 한쪽 끝에 물체를 매달고 다른 쪽 끝을 잡아당겨 물체를 올리거나 내리는 도구예요. 물론 도르래도 지레의 원리를 이용한 도구랍니다.

도르래에는 틀에 고정되어 있는 고정 도르래와 물체와 함께 움직이는 움직 도르래가 있어요. 다음 그림처럼 고정 도르래에서는 받침점과 힘점, 그리고 받침점과 작용점의 길이가 같아요. 그래서 힘의 이득은 얻지 못하고 힘의 방향만 바꿀 수 있지요.

움직 도르래에서는 받침점과 힘점 사이의 길이가 받침점과 작용점 사이의 길이의 두 배예요. 그래서 움직 도르래 1개를 가지고 두 배의 힘을 낼 수 있지요. 움직 도르래를 여러 개 엮으면 도르래의 개수에 두 배를 곱한 힘을 얻을 수 있어요.

어때요? 수평잡기, 무게 중심, 지레, 축바퀴……. 야구배트 하나에도 참 많은 과학 이야기가 숨어 있지 않아요?

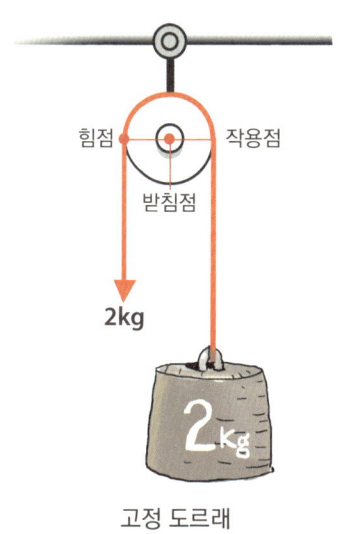

고정 도르래

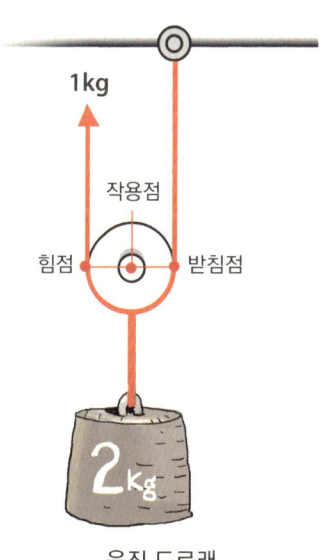

움직 도르래

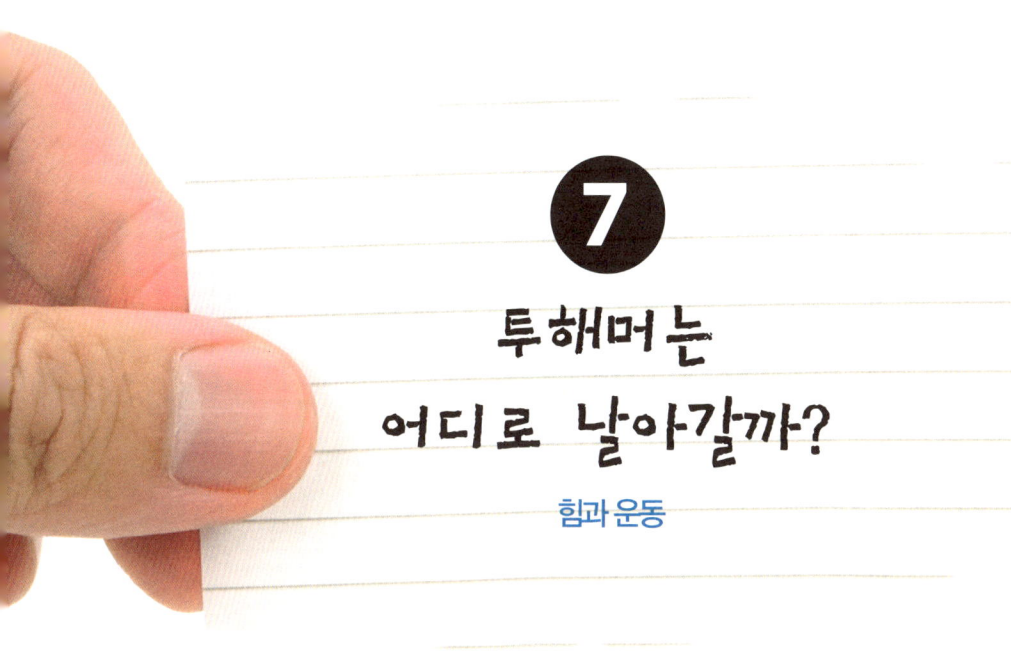

7
투해머는
어디로 날아갈까?
힘과 운동

● **조심해요, 투해머 날아가요**

부모님들이 어렸을 적에는 장난감이 별로 없어서 돌팔매질도 많이 했어요. 물론 사람을 맞추는 것이 아니라 커다란 돌을 표적으로 놓고 누가 먼저 맞추나, 누가 멀리 던지나 시합을 했지요.

작은 돌은 더 멀리 날아가고, 큰 돌은 아무리 세게 던져도 멀리 날아가지 않아요. 어떤 친구는 팔을 빙빙 돌리다가 돌을 던지기도 했지요. 그렇게 하면 더 멀리 날아간다고 생각했거든요. 그런데 팔을 돌리다 돌을 던질 때에는 조심해야 해요. 돌이 어디로 날아갈지 잘 모르거든요.

던지기 경기에도 돌리면서 던지는 게 있어요. 바로 '투해머'라는 경기지요. 투해머는 쇠줄에 매달린 쇠공을 던지는 경기예요. 선수들이 쇠줄을 잡고 쇠공을 돌리면 쇠공은 바깥으로 날아가려는 힘을 받아요. 이때 손을 놓으면 쇠공이 멀리 날아가게 되지요.

자, 한 선수가 투해머를 힘차게 던졌어요. 빙빙 돌던 쇠공은 과연 어느 방향으로 날아갈까요?

? 투해머 선수가 쇠줄을 놓으면 쇠공은 어느 방향으로 날아갈까?

무서워!

우리한테 날아오겠다!

1 쇠줄과 같은 ㉮의 방향으로 날아간다.

2 쇠줄과 45도를 이루는 ㉯의 방향으로 날아간다.

3 쇠줄과 90도를 이루는 ㉰의 방향으로 날아간다.

● 힘을 알면 과학이 보인다

새들은 하늘을 날고, 물은 계곡을 흐르며, 바위는 언덕을 구릅니다. 돌을 던지면 허공을 가르며 날다 떨어지지만, 달은 지구 둘레를 돌기만 하지요. 도대체 물체들은 왜 움직이고, 또 어떤 물체들은 꼼짝도 않는 것일까요? 사람들은 아주 오래 전부터 물체들이 왜 움직이는지 알려고 노력했고, 드디어 그 원인을 밝혔습니다. 물체들이 움직이는 원인은 바로 힘이에요.

세상에 힘이 미치지 않는 물체는 없습니다. 움직이지 않는 물체에도 힘이 작용하고 있어요. 줄다리기 시합을 생각해 보세요. 동군의 힘이 세면 밧줄은 동쪽으로 이동합니다. 서군의 힘이 세면 밧줄은 서쪽으로 이동하지요. 양쪽의 힘이 똑같으면 어느 쪽으로 끌리지도 않아요. 밧줄이 움직이지 않을 때에도 힘이 작용하고 있는 거예요.

우리는 이미 여러 가지 힘을 알고 있어요. 지구가 끌어당기는 힘은 중력이고, 나무도막을 물에 뜨게 하는 힘은 부력이에요. 자석이 쇠붙이를 끌어당기는 힘은 자기력이고, 머리카락이 플라스틱에 달라붙으려는 힘은 전기력이지요. 그렇다고 힘에 대해 많이 알고 있는 것 같지도 않아요. 힘은 눈에 보이지 않기 때문에 힘이 어떻게 작용하는지 머릿속에서 그릴 수밖에 없거든요.

이제부터 힘에 대해 알아보기로 해요. 먼저 어떤 물체에 어떤 힘이 작용하는지 살펴보기로 해요. 그걸 알면 힘에 대해 반은 알게 된 거예요.

그림 (가)처럼 책상 위에 나무도막이 놓여 있어요. 나무도막은 꼼짝 않지요. 그럼 이 나무도막에 작용하는 힘이 없는 것일까요? 그렇지 않아요. 줄다리기를 할 때 양쪽 힘이 같아 밧줄이 움직이지 않는 것처럼 나무도막에도 중력과 항력이라는 같은 크기의 두 힘이 작용하고 있어요.

중력은 지구가 끌어당기는 힘으로 나무도막의 무게예요. 만일 책상이 없다고 생각해 보세요. 나무도막은 바닥으로 떨어질 거예요. 나무도막을 바닥으로 떨어뜨리려는 힘이 바로 중력, 즉 나무도막의 무게지요. 항력은 책상이 나무도막을 떠받치는 힘이에요. 항력은 중력보다 크지 않아요. 다만 중력의 크기에 따라 커지기도 하고 작아지기도 할 뿐이지요.

나무도막의 무게가 100이라고 생각해 봐요. 그럼 책상이 떠받치는 힘도 100이 되지요. 나무도막의 무게가 50이라면 책상이 떠받치는 힘도 50이 될 거예요. 그렇게 무게와 항력이 같아야 나무도막이 움직이지 않고 가만있는 것이지요.

물체의 무게는 아주 커질 수 있어요. 나무도막 대신 아주 무거운 물체를 올려놓으면 되지요. 그렇다고 책상이 떠받치는 힘이 한없이 커지는 것은 아니에요. 만일 책상이 떠받칠 수 있는 힘보다 더 무거운 물체를 올려놓으면 어떻게 될까요? 책상은 부서지고 그 물체는 바닥으로 떨어질 거예요.

이번에는 그림 (나)처럼 나무도막을 살짝 밀어 보세요. 아마 나무도막이 움직이지 않을 거예요. 틀림없이 힘을 주었는데 어째서 밀리지 않는 것일까요? 책상 표면과 나무도막의 표면은 거칠어요. 그래서 둘 사이에 마찰력이 생기지요. 마찰력은 나무도막을 밀기 전에는 생기지 않아요. 나무도막을 밀기 시작할 때 비로소 그 힘과 반대 방향으로 생기지요.

나무도막을 살짝 밀 때에는 미는 힘과 마찰력이 같아요. 그래서 나무도막이 움직이지 않는 거예요. 좀 더 힘을 내서 밀어 보세요. 그럼 미는 힘이 마찰력보다 커져서 나무도막이 움직이기 시작할 거예요.

자, 이제까지 알아본 것을 정리해 볼게요. 모든 물체에는 힘이 작용하고 있어요. 여러 가지 힘들이 서로 비길 때에는 물체가 움직이지 않아요. 만일 어떤 힘이 더 크면 물체는 그 힘이 작용하는 방향으로 움직이기 시작하지요. 힘이 부족하면 꼼짝 않는 것이고, 힘이 남으면 움직이는 거예요.

물체를 뜨게 하는 힘인 부력에 관해서는 앞에서 다루었어요. 힘에 대해 잘 알았으면 부력을 다시 한 번 읽어 보세요. 처음 읽었을 때보다 훨씬 더 많은 사실을 알게 될 거예요.

● **나를 내버려 두세요 – 관성의 법칙**

자전거를 탈 때 일정한 속도로 가더라도 계속 페달을 밟아야 해요. 공기와 지면의 마찰이 자전거의 운동을 방해하기 때문이지요. 만일 마찰처럼 물체의 운동을 방해하는 힘이 없다면 물체는 어떻게 될까요? 한번 움직인 물체는 더 빨라지거나 느려지지 않고, 일정한 속도로 계속 직선 운동을 하게 될 거예요. 물론 움직이지 않던 물체는 영원히 꼼짝하지 않겠지요.

물체는 힘을 주지 않는 한 자신의 운동 상태를 계속 유지하려는 성질을 가지고 있어요. 이처럼 운동 상태를 바꾸려는 힘에 저항하는 물체의 성질을 '관성'이라고 불러요. 그리고 물체가 이런 성질을 가지고 있다는 법칙을 '관성의 법칙'이라고 해요.

일정한 속도로 움직이는 물체를 멈추려면 힘을 주어야 해요. 또 정지해 있는 물체를 움직일 때도 힘을 주어야 하지요. 물체를 움직이게 하거나 멈추게 할 때 드는 힘의 크기는 물체에 따라 달라요. 그렇다면 물체의 무엇에 따라 달라질까요? 과학자들은 그것을 물체의 '질량'이라고 불러요.

질량이란 물체가 가지고 있는 고유의 성질이에요. 질량은 물체가 무엇으로 이루어져 있느냐 하는 것과는 관계없어요. 다만 그 물체를 움직이거나 멈출 때 얼마의 힘이 드느냐에 관계하지요. 물체를 움직이거나 멈출 때 큰 힘이 들수록 그 물체의 질량이 커요.

자전거를 타고 가다 브레이크를 힘차게 잡아 보세요. 자전거는 지면의 마찰력 때문에 급정거를 하지만, 우리 몸은 앞으로 쏠리게 되지요. 우리 몸은 앞으로 계속 나아가려는 관성을 가지고 있기 때문이에

요. 아마 핸들을 꽉 잡고 있지 않으면 관성 때문에 몸이 앞으로 튕겨 나갈지도 몰라요.

그럼 관성으로 설명할 수 있는 현상에 대해 두 가지만 더 알아보기로 해요. 아마 이런 현상을 알아보는 동안 관성을 좀 더 잘 이해하게 될 거예요.

그림 (가)처럼 컵을 판지로 덮고 동전을 올려놓습니다. 손가락으로 판지를 퉁겨 보세요. 판지는 날아가고 동전은 컵 속으로 떨어질 거예요. 판지는 손가락 힘 때문에 날아가지만 동전은 제자리에 멈춰 있으려는 관성 때문에 날아가지 않는 거예요. 만일 동전과 판지를 풀로 붙이거나, 판지와 동전 사이의 마찰력이 아주 세다면 동전도 판지와 함께 날아갈 거예요. 동전의 관성력보다 마찰력이 더 크기 때문이지요.

망치를 오래 쓰다 보면 나무 손잡이와 머리 부분이 헐거워지기도 해요. 이때 손잡이를 잡고 망치를 세워 아래쪽으로 내리쳐 보세요. 쇠로 만들어진 망치머리가 손잡이 부분에 꽉 끼워질 거예요. 망치를 아래로 내리칠 때 손잡이와 망치머리는 함께 이동해요. 그런데 손잡이는 바닥에 부딪치며 멈추지만 망치머리는 관성 때문에 계속 내려가려고 하지요. 그래서 망치머리가 손잡이에 꽉 끼워지는 거예요.

● 힘을 계속 주면 점점 더 빨라진다 – 가속도의 법칙

마찰력이 없는 매끄러운 평면 위에서 물체를 힘껏 밀었어요. 물체는 계속 밀지 않으면 일정한 속도로 이동해요. 물체가 1초 동안 1m를 이동한다고 생각해 보세요. 그럼 10초 동안에는 10m를 이동할 거예요.

이번에는 이 물체가 움직이는 동안에도 계속 밀어 봐요. 한번 움직이면 더 밀지 않아도 일정한 속도로 달리는데, 계속 밀고 있으면 어떻게 될까요? 물체는 점점 빨라질 거예요. 아마 처음 1초 동안 1m를 이동했다면, 다음 1초 동안에는 4m를 이동하고, 그 다음 1초 동안에는 9m를 이동할 거예요.

이처럼 물체에 힘을 계속 주면 물체의 속도는 점점 빨라져요. 이런 운동을 '가속도 운동'이라고 하고, 이 법칙을 '가속도의 법칙'이라고 하지요. 그런데 여기에서 잠시 생각해 봐요. 똑같은 힘을 주더라도 작은 물체의 속도는 눈에 띄게 빨라지지만, 커다란 물체의 속도는 좀 굼뜨게 빨라져요. 다시 말해 똑같은 힘을 주더라도 물체에 따라 가속도가 달라진다는 것이지요.

우리도 그걸 느낄 수 있어요. 빈 수레는 뛰어가며 끌 수도 있지만, 짐을 잔뜩 실은 수레는 헉헉대며 끌잖아요. 물체의 어떤 성질이 다르

기에 똑같은 힘을 주더라도 가속도가 달라지는 것일까요? 우리는 그 물체의 성질을 흔히 무게라고 생각해요. 무거운 물체일수록 움직이기 어렵고, 가벼운 물체일수록 움직이기 쉽다고 말이에요. 하지만 과학자들은 그런 물체의 성질을 '질량'이라고 불러요.

과학을 하려면 질량이 무엇인지 꼭 알아야 해요. 우리는 질량이 어려운 것이라고 생각해요. 하지만 어떻게 보면 우리는 질량에 대해 이미 잘 알고 있어요. 수평 저울에 딸려 있는 추를 분동이라고 했어요. 흔히 50g 분동이니 10kg 분동이니 말할 때, 바로 분동이 질량을 뜻하는 거예요. 그런데 질량이 어렵다고 생각하는 이유는 질량과 무게를 혼동해서 쓰기 때문이에요.

어쨌든 질량이 무엇인지 이해하기가 까다로운 것은 사실이에요. 관성의 법칙에서도 질량을 잠시 설명했지만 충분히 이해하지는 못했을 거예요. 그럼 바로 뒤이어서 무게와 질량을 비교해서 설명해 볼게요.

● 어느 것이 더 빨리 떨어질까?

물체는 왜 땅으로 떨어질까요? 이것은 아주 오래 전부터 사람들을 괴롭히던 문제였어요. 고대 그리스 사람들은 지구가 우주의 중심이며, 모든 물체는 우주의 중심을 향해 떨어지려는 성질을 갖고 있다고 설명하기도 했지요. 이 문제를 명쾌하게 밝힌 사람은 바로 '뉴턴'이라는 과학자예요.

뉴턴은 세상의 모든 물체 사이에는 서로 끌어당기는 힘이 작용한다는 사실을 밝혔어요. 이것을 '중력의 법칙'이라고 하지요. 중력의 세기는 두 물체의 질량이 클수록 크고, 거리가 멀수록 작아요. 두 사람 사이에도 중력이 작용하고 있지만, 질량이 작기 때문에 거의 영향을 주지는 않아요. 하지만 태양이나 지구나 달 같은 천체의 질량은 아주 크기 때문에 주변에 큰 영향을 미치지요. 돌이 땅으로 떨어지는 이유는 바로 돌과 지구 사이에 아주 센 중력이 작용하기 때문이에요.

우리는 몸무게를 60kg이라는 식으로 나타내요. 그런데 그램(g)이나 킬로그램(kg)은 질량의 단위이지 무게의 단위가 아니에요. 우리가 흔히 말하는 무게는 지구가 끌어당기는 힘이에요. 지구가 끌어당기는 힘을 중력이라고 하니까, 무게는 중력이나 마찬가지지요. 그래서 과학자들은 무게의 단위를 'g중'이나 'kg중'으로 나타내요.

여기에서 '중'은 지구의 중력 가속도예요. 그러니까 우리 몸무게를 나타낼 때에는 60kg중이라는 식으로 말해야 하는 거예요. 하지만 일상생활에서는 kg중이라는 단위가 생소하고 까다롭기 때문에 그냥 kg이라는 단위를 쓰는 거예요.

질량은 물체가 가지고 있는 고유의 양이기 때문에 우주 어디에서든 변하지 않아요. 하지만 무게는 달라지지요. 예를 들어 지구에서 60kg중인 사람의 몸무게를 달에서 무게를 재어 볼까요? 달의 질량은 지구의 질량보다 작아요.

앞에서도 설명했지만 질량이 작으면 중력도 작아진다고 했어요. 다시 말해 달이 끌어당기는 힘은 지구가 끌어당기는 힘보다 작은 거예요. 달의 중력은 지구 중력은 6분의 1쯤 된대요. 따라서 지구에서 60kg중인 사람의 몸무게는 달에서는 10kg중이 되는 거예요. 무게와 질량에 대해서는 그만 하고 한 가지 중요한 사실을 더 알아보기로 해요.

무거운 물체와 가벼운 물체 중에서 어느 것이 더 빨리 떨어질까요? 고대 그리스의 철학자 아리스토텔레스는 무거운 물체가 더 빨리 떨어진다고 생각했어요. 사실 돌과 깃털을 같은 높이에서 떨어뜨리면 돌이 먼저 땅에 닿아요. 하지만 깃털이 늦게 떨어지는 것은 무게와 관계없이 공기의 저항을 많이 받기 때문이에요.

'공기의 저항이 없다면 모든 물체는 무게에 관계없이 같은 속도로 떨어질 것이다!' 이탈리아의 과학자 갈릴레이는 이렇게 생각했어요. 그리고 그 유명한 피사의 사탑에서 무게가 다른 두 개의 쇠공을 동시에 떨어뜨리고, 그 두 쇠공이 함께 땅에 닿는다는 사실을 밝혔지요. 쇠공은 무게가 다르더라도 공기의 저항을 덜 받아요. 그래서 공기의 저항을 거의 무시하고 실험할 수 있었던 것이지요.

쇠공이 무거우면 지구와 쇠공 사이에 작용하는 중력도 커요. 그런데 어째서 큰 힘(중력)이 작용하는 큰 쇠공과 작은 힘(중력)이 작용하는 작은 쇠공이 같이 떨어지는 것일까요? 그 이유는 가속도의 법칙으로 설명할 수 있어요.

가속도의 법칙에 따르면 같은 힘을 주었을 때 가벼운 물체가 무거운 물체보다 더 빨라져요. 무거운 쇠공에는 큰 중력이 작용하므로 속도가 빨라지지만, 작은 쇠공은 질량이 작기 때문에 속도가 빨라지는 거예요. 그러니까 이 두 가지 요인이 서로 상쇄되어 무게에 관계없이 똑같은 속도로 떨어지는 것이지요.

● 인공위성의 원리

지금까지 두 가지의 운동에 대해 알아보았어요. 하나는 직선 위를 곧게 이동하는 운동이고, 또 하나는 지표로 떨어지는 운동이지요. 이번에는 두 가지가 더해진 운동을 생각해 보기로 해요.

그림 (가)처럼 돌을 던져 보세요. 어떤 힘도 작용하지 않으면 이 돌은 일정한 속도로 곧게 날아갈 거예요. 우주 공간에서는 물체가 이렇

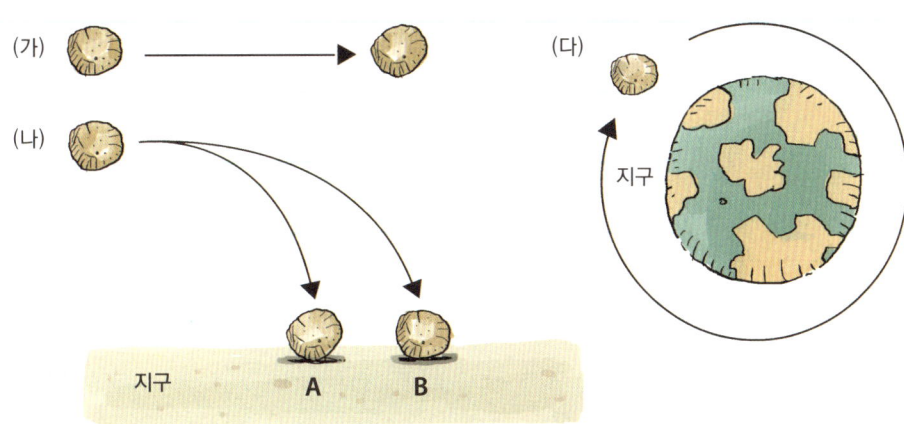

게 운동하지요. 하지만 지구에서는 돌에 중력이 작용해요. 그래서 돌은 그림 (나)처럼 앞으로 날아가면서 지표로 떨어져요. 이때 돌을 약하게 던지면 돌은 멀리 날아가지 못하고 A처럼 떨어질 거예요. 돌을 세게 던지면 돌은 B처럼 좀 더 멀리 날아가겠지요.

 그림 (다)처럼 돌을 더 세게 던지면 참 재미있는 일이 나타나요. 돌은 날아가면서 계속 떨어지지만 땅에 닿지는 않아요. 지구가 둥글게 구부러져 있으니까요. 결국 돌은 지구 둘레를 빙글빙글 돌기만 하지요. 마치 달처럼 말이에요. 이처럼 지구 둘레를 도는 물체를 인공위성이라고 해요. 만일 (다)의 경우보다 더 세게 돌을 던지면 어떻게 될까요? 돌은 지구를 벗어나 멀리 날아가요. 달이나 행성을 탐사하는 우주 비행선은 바로 이 원리를 이용해 지구를 벗어나는 거예요.

그러고 보니 인공위성의 운동은 투해머와 비슷해요. 인공위성과 투해머는 모두 원운동을 하잖아요. 이제 이번 질문의 답을 찾을 때가 되었어요. 그럼 투해머 그림을 보며 설명해 볼게요. 투해머에 어떤 힘이 작용하고 있으며, 투해머가 어떤 운동을 하고 있는지만 잘 살펴보면 답은 금세 나와요.

빙글빙글 도는 투해머의 쇠공은 바깥으로 달아나려는 힘이 작용해요. 이 힘을 '원심력'이라고 하지요. 원심력이 작용하는데 쇠공이 달아나지 않는 이유는 쇠줄이 끌어당기고 있기 때문이에요. 인공위성에서는 이 힘이 지구의 중력에 해당해요.

이 두 가지 힘의 크기는 같고 방향은 반대예요. 마치 힘이 같은 두 팀이 줄다리기 시합을 할 때처럼 말이에요. 그래서 쇠공은 원의 중심에서 일정한 거리를 유지한 채 빙글빙글 돌기만 하는 거예요.

이때 쇠공을 더 빨리 돌리면 원심력이 더 커져요. 그에 따라 쇠줄이 끌어당기는 힘도 커지지요. 원심력과 쇠줄이 끌어당기는 힘은 언제나 같은 거예요. 또 쇠줄이 끌어당기는 힘이 없어지면 원심력도 없어지지요.

자, 이제 결론을 내려 볼게요. 투해머를 힘차게 돌리던 선수가 쇠줄을 놓았어요. 그 순간 쇠줄이 끌어당기는 힘도 없어지고 원심력도 없어져요. 그럼 쇠공은 어디로 날아갈까요? 앞에서 배운 관성의 법칙에 따르면, 힘이 작용하지 않으면 물체는 자신의 운동 상태를 계속 유지하려는 성질을 갖고 있다고 했어요.

쇠줄을 놓은 순간 쇠공이 움직이던 방향이 어디에요? 그림을 보며 잘 생각해 보세요. 바로 (다)예요! 너무 쉬워서 좀 허탈하다고요? 그건 여러분이 힘과 운동에 대해 그만큼 많은 것을 알게 되었다는 증거예요.

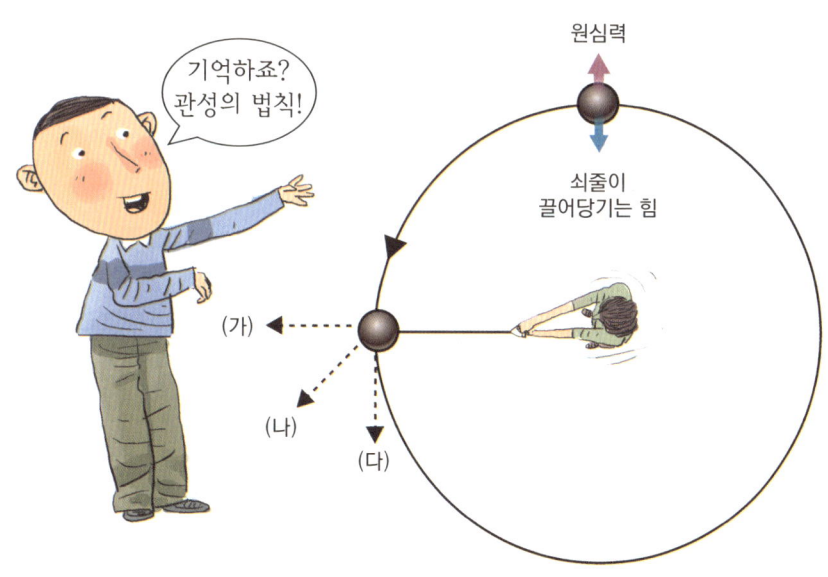

149

8
공짜 에너지를 얻을 수 있을까?

일과 에너지

● 공짜로 전기를 얻는 수력 발전소?

석탄이나 석유 같은 연료를 화석 에너지라고 해요. 오랜 옛날의 동식물이 죽어서 만들어진 연료이기 때문이지요. 화석 연료는 지구 온난화의 주범이에요. 그뿐 아니라 화석 연료는 앞으로 수십 년 후에 모두 고갈된대요. 그래서 세계의 많은 과학자들은 새로운 에너지를 개발하기 위해 노력하고 있어요.

자, 여기에 기가 막힌 발명품이 있어요. 바로 공짜로 전기를 만드는 수력 발전소예요. 이 수력 발전소에는 석탄이나 석유는 물론 많은 물도 필요 없어요. 그럼 이 수력 발전소가 어떻게 작동하는지 한번 살펴볼까요?

　이 수력 발전소에서는 떨어지는 물을 이용해 발전기를 돌려요. 그렇게 만들어진 전기로 펌프를 가동해 아래로 떨어진 물을 다시 댐 위로 올리지요. 이런 일을 계속 반복하면서 전기를 만드니까 더 이상 연료도 물도 필요하지 않은 거예요. 과연 이런 수력 발전소는 가능할까요?

? 공짜로 전기를 얻는 수력 발전소가 실제로 만들어질 수 있을까?

① 기술이 발전한 미래에는 가능할 것이다.

② 기술이 아무리 발전해도 그런 일은 불가능하다.

● 에너지란 무엇일까?

과학에서 가장 중요한 것 하나를 꼽으라면 아마 에너지가 될 거예요. 과학은 세상을 이루는 모든 것을 다루는 학문인데, 그 모든 것이란 바로 물질과 에너지거든요. 물질은 눈으로 보고, 손으로 만질 수도 있어요. 그래서 우리는 물질에 대해 잘 알고 있다고 생각하지요. 하지만 에너지는 대부분 느낄 수가 없기 때문에 잘 모른다고 생각해요.

하지만 에너지에 대해 너무 겁을 내지 마세요. 우리는 이미 생활하면서 에너지란 말에 익숙해져 있어요. 자신이 모르는 것을 가장 쉽게 배우는 방법은 자신이 알고 있는 것에서부터 시작하는 거예요. 그러는 동안 자연스럽게 하나하나 터득해 나갈 수 있을 거예요.

우리는 앞에서 힘에 대해 배웠어요. 책상 위의 책을 밀면 책이 움직여요. 또 풍선을 누르면 풍선이 찌부러지지요. 이처럼 힘은 물체를 움직이거나 물체의 모양을 바꿀 수 있어요. 그런데 힘이 아무리 세면 뭐해요? 일을 해야지요.

어머니께서 바닥에 흩어져 있는 책을 책꽂이에 올려놓으라고 말씀하셨어요. 책을 모두 올려놓으니 어머니께서는 일을 참 잘했다고 칭찬하셨어요. 여러분은 도대체 무슨 일을 한 것일까요? 힘을 써서 책을 옮겨놓은 거예요. 그게 바로 일이지요.

일을 했으니 에너지를 보충해야 한다면서 어머니께서 간식거리를 주셨어요. 맞아요. 여러분은 일을 하면서 에너지를 쓴 거예요. 무거운 책을 옮길 때는 그만큼 많은 에너지가 들어요. 또 더 높은 곳에 책을 올려놓을 때에도 더 많은 에너지가 들지요. 일을 많이 할수록 에너지가 많이 드는 거예요. 이처럼 일을 할 수 있는 능력을 '에너지'라고 해요.

책을 옮길 때처럼 물건을 움직이는 일은 이해하기가 쉬워요. 하지만 일의 종류에는 여러 가지가 있어요. 예를 들어 좋아하는 프로야구 팀을 응원하면서 손뼉 칠 때를 생각해 봐요. 손뼉을 오래 치다 보면 힘이 들고 에너지가 많이 소모되지요. 그럼 이때 무슨 일을 한 걸까요?

손뼉을 치면 소리가 나요. 그런 뒤 손바닥을 만져 보세요. 뜨끈뜨끈하게 열이 날 거예요. 소리나 열을 내는 것도 일을 하는 거예요. 그러니 손뼉을 칠 때에도 당연히 에너지가 드는 것이지요.

소리는 물체의 진동이 공기 같은 매질을 통해 전달되는 현상이에요. 그런데 소리도 일을 할 수 있어요. 소리를 듣는 순간 우리 고막이 진동하잖아요. 또 열도 일을 할 수 있어요. 열은 얼음을 녹여 물로 만들기도 하고, 물을 끓여 수증기로 만들기도 하니까요. 결국 소리나 열도 에너지의 한 종류인 셈이에요.

● **많고 많은 에너지, 돌고 도는 에너지**

세상에는 참 많은 종류의 에너지가 있어요. 에너지는 일을 할 수 있는 능력이고, 일을 한 결과 또 에너지가 만들어지지요. 그럼 또 어떤 종류의 에너지가 있는지 살펴보기로 해요.

앞에서 설명한 소리나 열 이외에 빛도 에너지예요. 빛을 쬐면 따뜻해져요. 열이 만들어지기 때문이에요. 또 빛을 태양전지에 쬐면 전기가 만들어져요. 이때 만들어지는 전기도 에너지예요. 선풍기를 전기 코드에 꼽아 보세요. 선풍기가 돌면서 바람이 나와요. 전기가 일을 한 것이지요.

선풍기에서 나오는 바람도 에너지예요. 풍력 발전소는 바람으로 전기를 만들어 내는 곳이지요. 또 돛단배는 바람 에너지를 이용해 항해하는 선박이에요. 돛단배도 에너지를 갖고 있어요. 돛단배는 사람과 물건을 옮기며 일을 하잖아요. 돛단배처럼 움직이는 물체가 가지

고 있는 에너지를 운동 에너지라고 해요.

와아, 에너지의 종류가 참 많기도 하지요? 이렇게 계속 설명하다가는 책 한 권으로도 모자랄 거예요. 사실 에너지 이름은 여러분도 만들 수가 있어요. 예를 들어 방귀 에너지를 생각해 봐요. 방귀에 무슨 에너지가 있냐고요? 방귀를 뀌면 소리가 나잖아요. 또 방귀를 태우면 열을 얻을 수도 있어요.

에너지에 이렇게 이름을 마구 붙이다 보면 오히려 복잡해지기만 할 수도 있어요. 우리는 중요한 에너지만 알고 있으면 되고, 나머지는 무슨 뜻인지 이해할 수만 있으면 될 거예요. 방귀처럼 물질을 태우거나 화학 변화를 일으켜 얻을 수 있는 에너지를 화학 에너지라고 불러요.

건전지도 물질의 화학 변화를 이용해 전기 에너지를 얻는 장치예요. 그러니까 건전지도 화학 에너지를 가지고 있다고 말할 수 있지요. 우리 몸에도 화학 에너지가 있어요. 우리가 먹은 음식물은 소화된 후 여러 가지 영양소로 바뀌어 저장되지요. 이 영양소가 화학 변화를 일으킬 때 나오는 에너지로 근육을 움직이는 거예요.

그 밖의 중요한 에너지에는 중력 에너지, 원자 에너지, 탄성 에너지 등이 있어요. 중력 에너지는 높은 곳에 있는 물체가 가지고 있는 에너지예요. 높은 댐에 담겨 있는 물은 중력 에너지를 갖고 있어요. 수력 발전소는 물의 중력 에너지를 전기 에너지로 바꾸는 시설이지요.

원자 에너지는 흔히 핵 에너지라고도 불리지요. 원자력 발전소는 우라늄 같은 무거운 원자의 핵이 분열할 때 나오는 에너지로 전기를 만드는 시설이에요. 탄성 에너지는 용수철이나 고무처럼 탄력이 좋은 물체가 가지고 있는 에너지예요. 고무줄 동력기는 고무줄의 탄성 에너지를 이용해 날리는 모형 비행기지요.

지금까지 에너지의 종류에 어떤 것이 있는지 알아보았어요. 또 에너지는 서로 바뀔 수 있다는 것도 눈치 챘을 거예요. 이처럼 어떤 에너지가 다른 에너지로 바뀌는 현상은 우리 주변에서 얼마든지 볼 수 있어요. 여러분도 한번 찾아보세요. 그럼 에너지에 대해 더욱 자신이 붙을 거예요.

● 힘이 덜 드는 만큼 일은 더 많이 해야 한다

잠시 편리한 도구에 대해 알아보기로 해요. 힘을 적게 쓰고 일을 할 수 있는 편리한 도구들은 에너지와 어떤 관계에 있을까요? 잠시 땀을

흘리며 일을 한번 해 볼까요?

무게 10kg의 물체를 1m 높이의 책상에 올려놓아야 해요. 이 물체를 들려면 10kg의 힘이 필요해요. 자, 팔을 걷고 힘을 내서 낑낑 들었어요. 그리고 1m 높이의 책상에 옮겼어요. 어때요 힘들지요? 그런데 이렇게 힘든 일을 할 때 지레의 원리가 생각나지 않아요? 기다란 막대만 있으면 힘을 덜 들이고도 이 물체를 들 수 있을 텐데 말이에요.

자, 기다란 막대와 받침대를 준비했어요. 받침점과 힘점 사이의 길이는 받침점과 작용점 사이의 길이보다 두 배나 길어요. 그러니 5kg의 힘만 있으면 이 물체를 들 수 있지요. 10kg 물체를 작용점에 올려놓고, 이제 힘점을 누르기만 해요. 책상의 높이가 1m이니 5kg의 힘으로 1m를 눌러 보세요. 어, 그런데 이상하네요. 물체는 0.5m밖에 올라가지 않아요.

아하! 그림을 보니 힘점을 1m 내리면 작용점은 0.5m밖에 올라가지 않는 게 당연하군요. 힘점과 받침점 사이의 거리가 길기 때문이에요. 결국 이 지렛대로 물체를 1m 올리려면 이 지렛대의 힘점을 2m나 눌러야 한다는 거예요. 지렛대를 이용해 5kg의 힘으로 2m를 올리는 것이나 손으로 10kg의 힘을 주어 1m를 올리는 것이나 일의 양으로 보면 똑같지 뭐예요. 그러니까 지렛대를 이용할 때나 맨 몸으로 일할

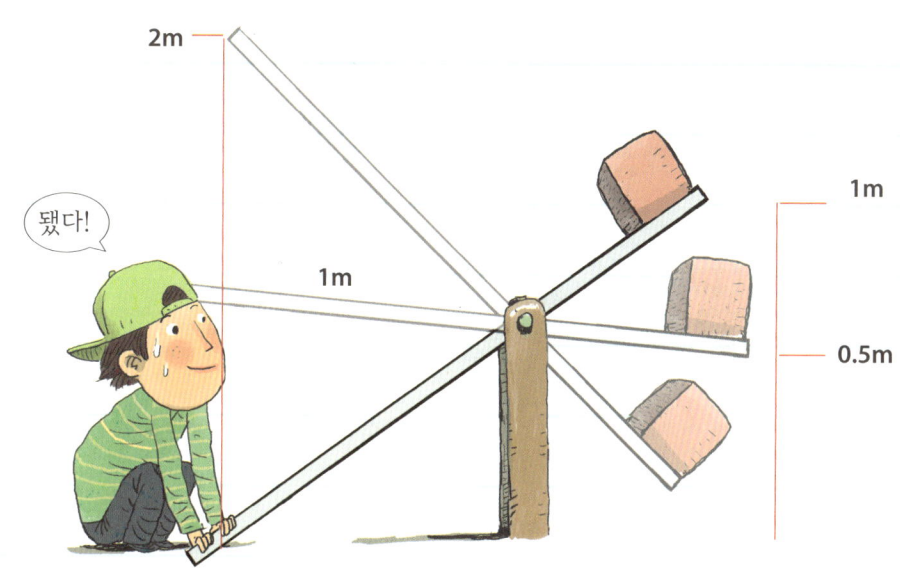

때나 쓰는 에너지의 양은 같다는 거예요.

그럼 지렛대 대신 도르래를 쓰면 어떻게 될까요? 다음 쪽 그림처럼 도르래에 10kg의 물체를 매달았어요. 움직 도르래는 힘을 반으로 줄여 주고 고정 도르래는 힘의 방향만 바꿔 주지요. 그러니까 이 도르래의 끈을 5kg의 힘으로 잡아당기면 10kg의 물체를 끌어올릴 수 있는 거예요.

만일 이 도르래의 끈을 1m 잡아당기면 물체는 얼마나 올라갈까요? 물체가 걸려 있는 끈의 양쪽, 즉 A와 B에서 각각 0.5m씩 당겨지기 때문에 물체는 0.5m 올라가요. 그러니까 도르래에서도 10kg의 물체를

  1m 끌어올리려면, 5kg의 힘으로 2m를 잡아당겨야 하는 거예요. 지렛대와 마찬가지로 힘은 적게 들지만, 일의 양은 맨손으로 일할 때와 마찬가지예요.

  지렛대나 도르래를 쓰더라도 에너지가 적게 드는 것이 아니라면 도구를 쓸 필요가 없지 않을까요? 그렇지는 않아요. 만일 여러분이 5kg의 힘을 가지고 있다고 생각해 보세요. 그럼 아무리 힘을 써도 10kg의 물체를 들어 올릴 수 없을 거예요. 낑낑대며 힘을 써도 헛수고만 할 뿐이라는 것이지요. 하지만 지렛대나 도르래를 이용하면 작은 힘으로도 일을 할 수 있어요. 그것이 바로 편리한 도구를 쓰는 이유예요.

● 노력한 만큼 얻는다

　에너지가 없으면 우리는 아무 일도 할 수가 없어요. 그런데 에너지는 마음대로 쓸 수 있는 게 아니에요. 요즘에는 에너지가 바로 돈이거든요. 음식을 먹어 에너지를 보충할 때도, 전등이나 에어컨을 켤 때도, 자동차를 운전할 때도 돈이 들잖아요. 그만큼 에너지는 소중한 것이고 아껴 써야 하지요.

　혹시 에너지를 공짜로 만들어 쓸 수 있다면 얼마나 좋을까요? 사람들은 아주 오래 전부터 이런 꿈을 꾸었어요. 이번 질문도 바로 그런 꿈 가운데 하나예요. 하지만 아직까지 그 꿈을 실현시킨 사람은 없어요. 과학자들은 앞으로도 그 꿈이 실현되지는 않을 거라고 생각해요. 왜냐하면 에너지는 모양을 바꿀 수는 있지만, 새로 만들어지거나 사라지지는 않거든요. 에너지의 양은 언제나 일정한 거예요.

　다음 쪽 그림처럼 댐에 물이 가득해요. 이 물은 중력 에너지를 가지고 있어요. 중력 에너지를 흔히 '위치 에너지'라고도 해요. 높은 위치에 있는 물체는 떨어지면서 일을 할 수 있거든요. 댐의 물이 가지고 있는 에너지의 양을 A라고 생각해 봐요.

　댐의 물은 떨어지면서 발전기를 돌려 전기를 만들어요. 그런데 이

때 물이 가지고 있는 에너지 전부가 전기를 만드는 것은 아니에요. 일부는 마찰 때문에 열로 빠져 나가고, 또 일부는 발전기를 돌리지 못하고 새어 나가기 때문에 댐의 물이 만드는 전기 에너지의 양 B는 댐의 물이 가지고 있는 중력 에너지의 양 A보다 적게 마련이지요.

이번에는 전기 에너지를 가지고 다시 펌프를 돌려 물을 댐 위로 끌어올리는 경우를 생각해 봐요. 이때에도 전기 에너지가 모두 물을 끌어올리는 데 쓰이지는 못해요. 펌프를 돌릴 때 마찰 때문에 열이 빠져 나가기도 하고, 여러 가지 보조 시설을 움직이는 데에도 전기 에너지가 들기 때문이지요. 그래서 댐 위로 끌어올린 물의 중력 에너지는 전기 에너지의 양 B보다 작아요.

전기 에너지 B와 중력 에너지 C, 그리고 이 과정에서 빠져 나가는 모든 에너지를 합친 양은 얼마나 될까요? 그 양은 바로 A와 같아요. 다시 말해 에너지는 더 만들어지지도 않고 사라지지도 않는 거예요. 다만 다른 모양의 에너지로 바뀐 것뿐이지요.

물론 중간에 어떤 에너지도 빠져 나가지 못하게 만든다면, 이런 꿈의 장치는 가능할지도 몰라요. 하지만 그렇더라도 그 과정에서 우리가 빼서 쓸 에너지는 없어요. 더구나 에너지가 빠져 나가는 것도 현실에서는 막을 수가 없지요.

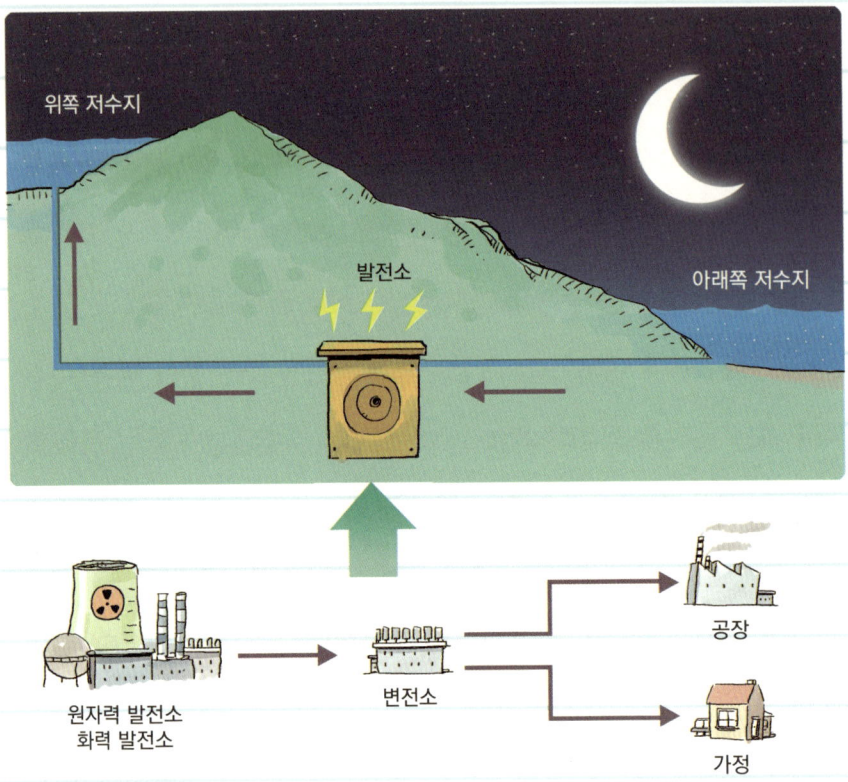

화력 발전소나 원자력 발전소에서 만든 전기를 공장이나 가정에 공급하고 밤에는 남은 전기를 이용해 아래쪽 저수지의 물을 위쪽 저수지로 끌어 올린다.

자, 어때요? 이번 질문의 답이 ❷라는 것은 금세 알 수 있겠지요? 그런데 이런 방식의 발전소가 실제로 있어요. 양수 발전소는 수력 발전소의 하나인데 수력 발전으로 만든 전기로 다시 물을 끌어올리기도 해요. 양수 발전소의 목적은 이번 질문에서 말하는 발전소와는 아주 달라요.

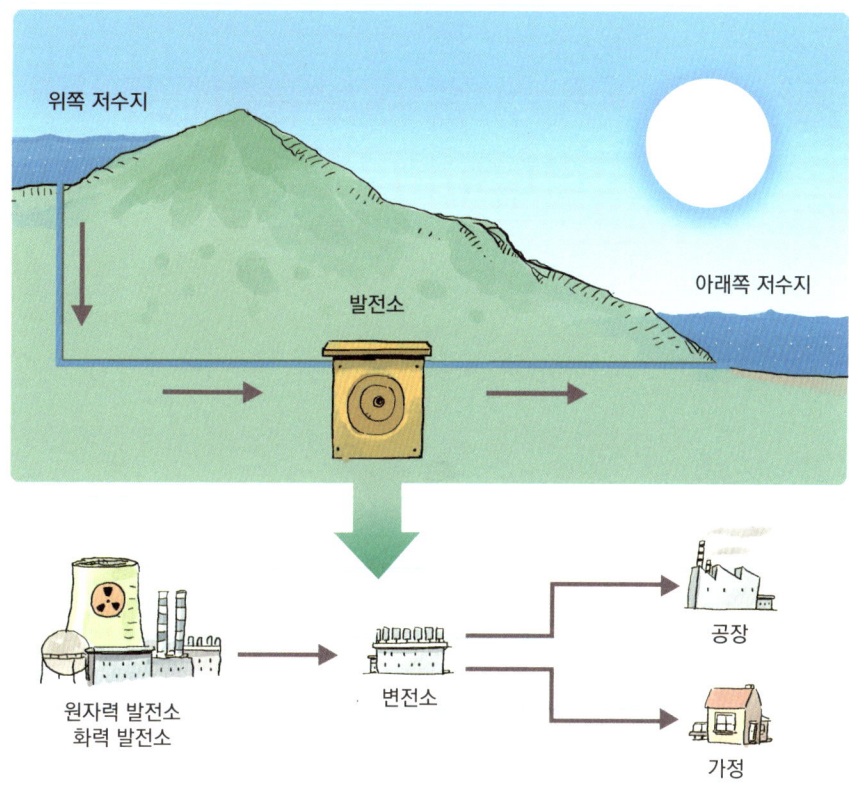

낮에는 화력 발전소와 원자력 발전소에서 만든 전기만으로는 공장이나 가정에 필요한 전기를 충분히 공급하지 못한다. 이때 양수 발전소에서 전기를 만들어 공급한다.

　화력 발전소나 원자력 발전소에서 전기를 만들었는데 발전량이 많아 당분간 쓸 데가 없다면 어떻겠어요. 아까운 전기를 그냥 버릴 수가 없잖아요. 또 전기를 석탄이나 석유처럼 보관해 둘 수도 없고요. 그래서 이럴 경우 손해를 보더라도 물을 끌어올려 놓고, 전기가 부족할 때 다시 전기를 만들려는 거예요.

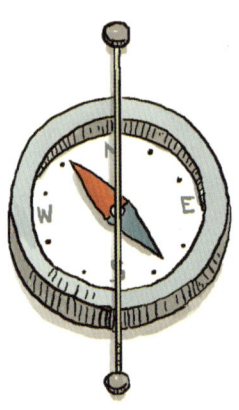

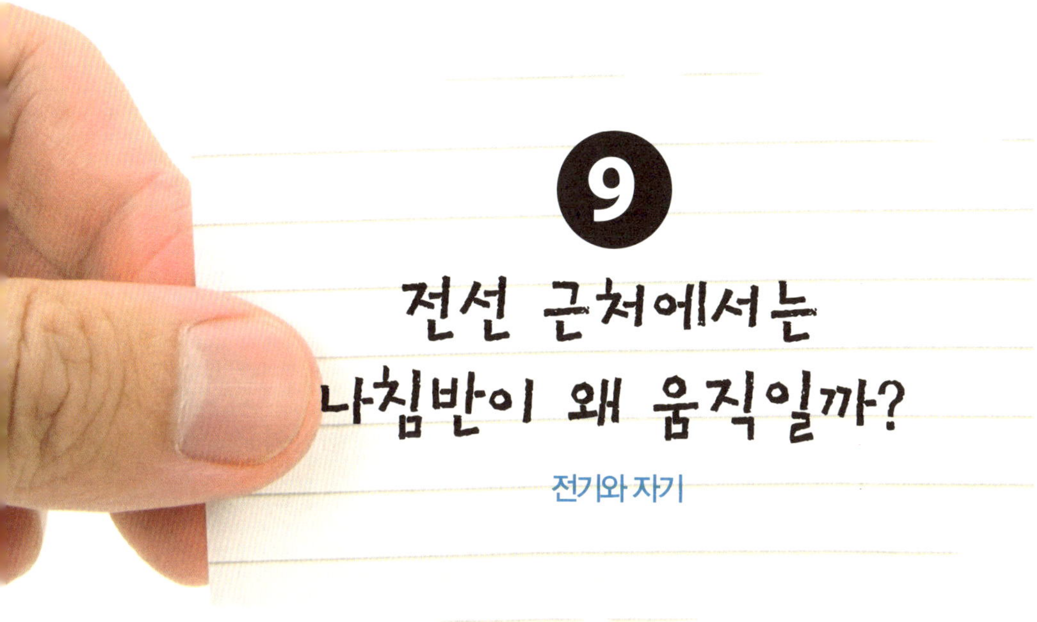

9 전선 근처에서는 나침반이 왜 움직일까?

전기와 자기

● **나침반이 이상하다**

나침반은 참 신기한 물건이에요. 그냥 바늘 모양의 쇳덩어리처럼 보이지만 불가사의한 힘을 가지고 있지요. 남북을 가리키는 신비한 힘 말이에요. 위대한 과학자 아인슈타인도 어릴 적에 나침반의 신비로움에 푹 빠졌대요.

나침반은 바늘 모양으로 만든 자석이에요. 자석은 쇠붙이를 끌어당길 뿐 아니라 언제나 남북을 가리켜요. 나침반은 바로 자석의 이런 성질을 이용해 만든 도구지요. 자석은 아주 오래 전부터 생활에 이용되어 왔지만, 자석의 성질이 밝혀진 것은 얼마 되지 않아요.

나침반을 이용해 자석의 성질을 이용하던 과학자들은 아주 재미있는 현상을 발견했어요. 나침반을 전선에 가까이 댔더니 나침반의 바늘이 움직였던 거예요. 자석의 성질을 '자기'라고 불러요. 전기는 전기이고 자기는 자기인데 어째서 자석으로 만들어진 나침반이 전선 근처에서 움직인 것일까요?

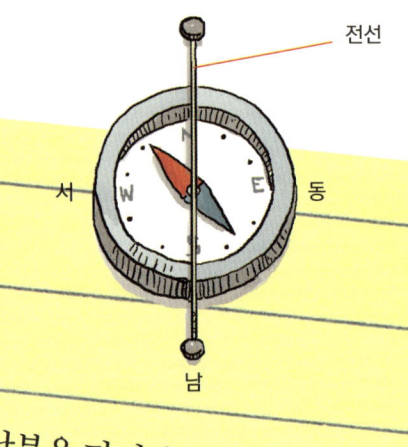

? 나침반의 바늘은 남북을 가리킵니다. 그런데 남쪽에서 북쪽으로 전류가 흐르는 전선을 나침반 위에 놓았더니 나침반의 N극이 서쪽으로 움직였습니다. 그 이유는 무엇일까요?

① 전선이 금속이기 때문에 나침반의 바늘이 힘을 받아 움직인 것이다.

② 전선에 전류가 흐르면 전선이 자석의 성질을 띠기 때문에 움직인 것이다.

● 눈에 보이지 않는 것을 나타낸다

자석에는 N극과 S극이 있으며, 같은 극은 서로 밀어내고 다른 극은 서로 끌어당깁니다. N극은 북쪽을 가리키며 S극은 남쪽을 가리키지요. 또 자석은 쇠못을 끌어당기지만, 그 힘은 멀어질수록 약해지지요. 자석의 이런 성질은 대부분 잘 알고 있어요. 그런데 자석은 어째서 이런 성질을 가지고 있는 것이며, 또 자석 때문에 일어나는 현상들은 어떻게 설명할 수 있는 것일까요?

'보는 것이 믿는 것이다.' 라는 격언이 있어요. 눈에 보이는 것은 그만큼 설명하기도 쉽고 이해하기도 쉽지요. 그런데 자석의 힘은 눈에 보이지 않기 때문에 자석의 성질은 어렵다고 생각해요. 과학자들은 이 문제를 해결하기 위해 여러 가지 용어들을 만들어 냈어요. 자석의 힘을 눈으로 볼 수 있게 만든 것이지요.

과학을 연구하거나 배울 때 가장 중요한 것의 하나가 바로 용어를 확실히 이해해야 한다는 거예요. 힘, 에너지, 질량 같은 용어들 말이에요. 그럼 과학자들이 자석을 쉽게 이해하기 위해 만든 용어에는 어떤 것이 있고, 그 용어들이 무엇을 뜻하는지 알아봐요.

자석의 성질을 나타내는 원인을 '자기' 라고 해요. 그러니까 자석

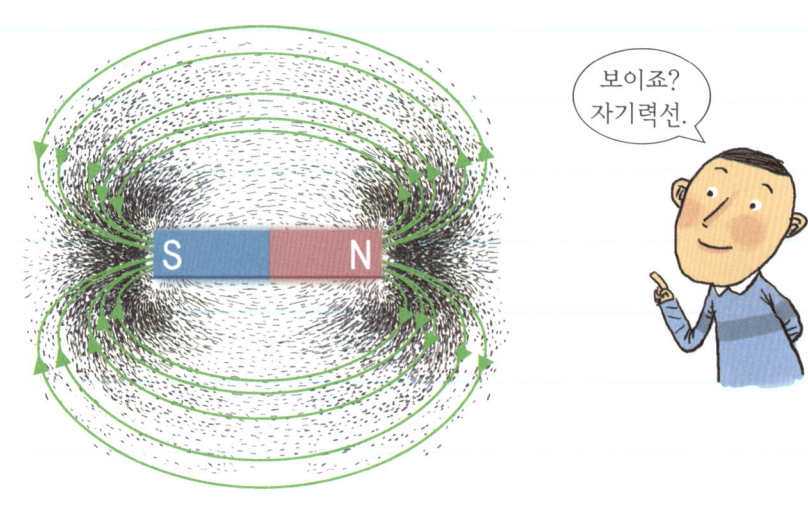

에 관련된 용어에는 대부분 자기라는 말이 들어가게 되지요. 자석의 힘을 '자기력'이라고 하는 것처럼 말이에요. 교실에서는 조용해야 하지만 운동장에서는 마음껏 뛰고 놀 수 있어요. 운동장은 여러분이 자유롭게 활동할 수 있는 공간이에요. 과학자들은 자석의 힘이 미치는 넓은 공간을 '자기장'이라고 말해요.

  그렇다고 자기장이 그냥 넓은 공간은 아니에요. 자기장은 '자기력선'이라고 하는 눈에 보이지 않는 힘의 선으로 빽빽히 차 있어요. 철가루를 이용하면 이 자기력선을 볼 수 있지요. 막대자석 위에 종이를 놓고 그 위에 철가루를 솔솔 뿌려 봐요. 그럼 철가루들이 그림에서 보듯 곡선을 따라 길게 늘어서요. 이 곡선이 바로 자기력선이에요.

자기력선은 중간에 끊어지는 법이 없으며, 이 그림보다 훨씬 더 빽빽하고 넓게 퍼져 있어요. 또 평면이 아니라 입체적으로 뻗어 나가지요. 과학자들은 자기력선이 N극에서 뻗어 나와 S극으로 들어간다고 생각해요. 실제로 그런 것이 아니라 편의상 방향을 정한 거예요.

자기력선을 이용하면 여러 가지 자기 현상을 편리하게 설명할 수 있어요. 예를 들어 그림 (가)처럼 같은 극의 자기력선은 서로 밀어내는 모양을 하고 있지요. 또 그림 (나)처럼 다른 극의 자기력선은 서로 끌어당기는 모양을 하고 있어요.

자기력선은 자석의 힘이 멀리 갈수록 약해지는 이유도 설명해 줘요. 자석의 힘은 자기력선의 간격이 좁을수록 세고, 넓을수록 약해요. 그림에서 알 수 있듯이 자기력선의 간격은 자석에서 멀어질수록 넓어지잖아요.

지구는 커다란 자석이에요. 그래서 지구 주변에는 지구의 자기장이 펼쳐져 있지요. 자기장 속에 놓인 자석은 자기력선에 나란하게 늘어서요. 나침반의 바늘도 지구의 자기력선에 나란히 늘어서려고 하지요. 나침반이 언제나 남북을 가리키는 것은 바로 그 때문이에요.

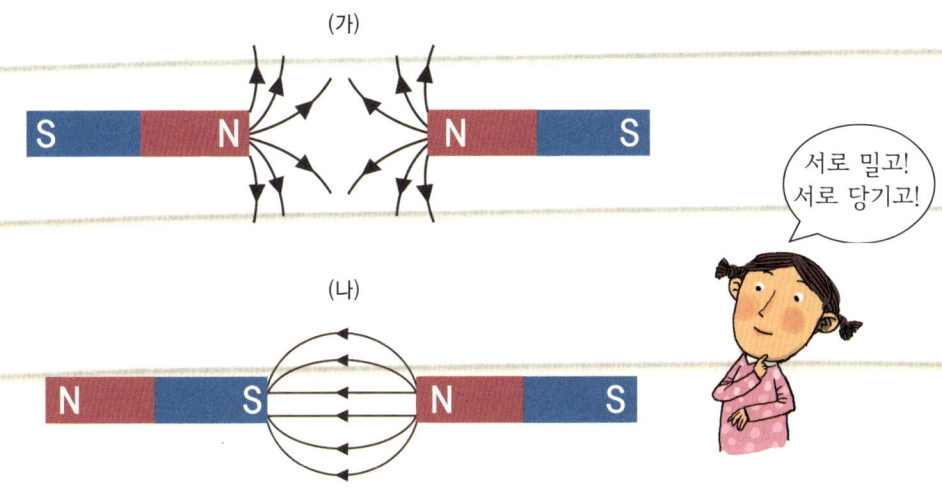

● 자석을 쪼개고 쪼개면

　전기에는 양의 전기와 음의 전기가 있으며, 이 둘은 서로 떨어져 있어요. 그렇다면 자기의 N극과 S극을 서로 떼어낼 수도 있지 않을까요? 그렇지 않아요. 자석에는 언제나 N극과 S극이 붙어 있어요.

　막대자석의 가운데를 잘라 보세요. 그럼 N극과 S극 부분은 또 다시 두 개의 극으로 나뉘어져요. 이렇게 계속 잘라 나가면 더 이상 잘라낼 수 없는 아주 작은 자석 알갱이가 되지요. 자석은 바로 이 작은 자석 알갱이로 이루어져 있어요.

여기서 꼭 알아두어야 할 사실이 있어요. 그건 이 자석 알갱이들이 어떻게 늘어서느냐에 따라 자석이 되기도 하고, 보통 쇠가 되기도 한다는 거예요. 자석 알갱이들이 일정한 방향으로 늘어서 있으면 자석이 되고, 어지럽게 흐트러져 있으면 보통 쇠가 되지요. 자석을 불에 달구면 자석의 성질을 잃어버려요. 그것은 자석 내부에서 일정하게 늘어서 있던 자석 알갱이들이 뜨거운 열 때문에 흐트러지기 때문이에요.

물질을 이루는 원자나 분자는 물질 현상을 설명하는 데 큰 도움을 줘요. 이와 마찬가지로 자석 알갱이는 많은 자기 현상을 설명해 주지요. 그럼 자석 알갱이로 설명할 수 있는 몇 가지 자기 현상을 알아보기로 해요.

쇠못은 자석에 잘 달라붙어요. 자석도 아닌 쇠못이 어째서 자석에 달라붙는 것일까요? 쇠못 같은 철의 내부에는 자석 알갱이들이 아주 많아요. 평소에는 이런 자석 알갱이들이 무질서하게 흐트러져 있어요. 그런데 자기장 안에서는 이 자석 알갱이들이 일정한 방향으로 늘어서요. 그 결과 쇠못도 하나의 자석이 되지요. 그래서 쇠못이 자석에 달라붙는 거예요. 물론 쇠못의 자기력은 쇠못이 자기장을 벗어나는 순간 사라져요.

　쇠못을 자석으로 문질러 보세요. 쇠못 내부에 흐트러져 있던 자석 알갱이들이 일정한 방향으로 늘어서요. 그 결과 자석을 떼어도 쇠못이 자석의 성질을 띠게 되지요. 이때 쇠못을 망치로 때리면 자석의 성질이 사라져요. 자석 알갱이들이 다시 흐트러지기 때문이에요.

　지하철 승차권이나 예금통장에는 자기 테이프가 붙어 있어요. 이 자기 테이프는 플라스틱에 철가루를 얇게 발라 놓은 거예요. 이 철가루들은 마치 자석 알갱이처럼 자기의 영향에 따라 이쪽저쪽 방향으로 늘어서요. 자기 테이프는 철가루들이 늘어서는 모양을 이용하여 여러 가지 정보를 기록하는 매체예요.

● 전기 있는 곳에 자기가 있다

자석에 대해 아주 궁금한 것 하나를 더 알아보기로 해요. 도대체 자석 알갱이가 자석의 성질을 띠는 이유는 무엇일까 하는 거예요. 이것을 알려면 물질의 구조를 자세히 살펴야 해요. 물질은 원자로 이루어져 있다고 했어요. 자석의 성질은 바로 이 원자에서 생겨요.

원자가 더 이상 쪼개지지 않는 것은 아니에요. 원자는 소립자라고 하는 작은 알갱이들로 이루어져 있어요. 원자는 크게 원자핵과 전자의 두 부분으로 나뉘어져요. 원자핵은 또 양의 전기를 띤 양성자와 전기를 띠지 않은 중성자라는 작은 알갱이로 이루어져 있지요. 여러 개의 양성자와 중성자가 결합해 있는 것이 바로 원자핵이에요.

전자는 이 원자핵의 둘레를 돌고 있는 작은 알갱이로 음의 전기를 띠고 있어요. 그냥 물질을 이루는 기본 알갱이라고 생각하던 원자가 사실 양성자와 중성자와 전자가 복잡하게 모여 이루어진 거예요. 그

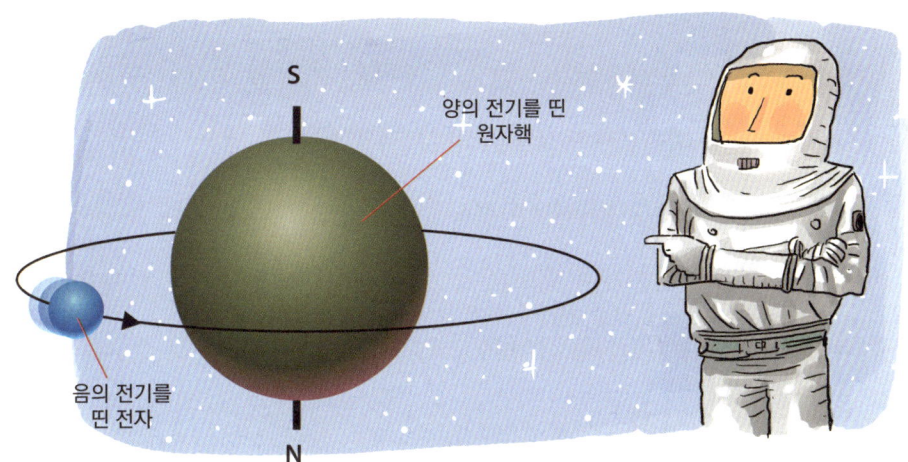

원자핵 둘레를 도는 전자는 마치 전류가 흐르는 것과 같은 효과를 냅니다. 전류가 흐르면 자기장이 생깁니다. 그래서 원자는 하나의 작은 자석이 됩니다.

런데 너무 복잡하게 따질 필요 없이 여기에서는 그냥 원자가 원자핵과 그 둘레를 도는 전자로 이루어져 있다고만 생각하기로 해요.

원자핵은 양의 전기를 띠고 전자는 음의 전기를 며요. 양의 전기와 음의 전기는 서로 끌어당기잖아요. 그래서 원자핵과 전자가 서로 강하게 끌어당겨서 원자를 이루는 거예요. 그런데 아주 놀라운 사실 하나가 있어요. 자기는 원자핵 둘레를 도는 전자 때문에 생긴다는 거예요. 사실 자석 알갱이란 이처럼 자기를 띤 원자들의 덩어리거든요.

모든 물질은 원자로 이루어져 있어요. 하지만 그 중에서 철 원자들이 자기를 가장 잘 띠는 구조를 하고 있어요. 그래서 자석이 대부분 철로 이루어져 있고, 또 철이 자석에 잘 달라붙는 거예요.

여러분 전류가 뭔지 아세요? 전류는 음의 전기를 띤 전자의 흐름이에요. 원자핵 둘레를 도는 전자도 마치 전류 역할을 해요. 그러니까 전류가 흐르면 자기를 띤다는 거예요. 자기는 전기와 아주 밀접한 관계에 있는 것이지요. 이런 예는 우리 주변에서도 찾아볼 수 있어요. 뒤이어 이것을 한번 알아보겠어요.

● **전류가 흐르면 자기장이 생긴다**

전기와 자기는 참 신비로운 힘이에요. 그런데 더욱 신비로운 것은 전기와 자기가 서로 연관되어 있다는 거예요. 전류가 흐르면 자기가 생기는 것이지요. 이것이 바로 이번 문제의 핵심이기도 해요. 먼저 전류가 흐르는 전선에 자기가 어떤 모양으로 생기는지 알아보기로 해요.

그림과 같이 기다란 전선에 전류를 흘러보냈어요. 이때 자기장은 전선에 수직인 고리 모양으로 생겨요. 고리 모양의 자기장은 오른쪽으로 빙글빙글 돌지요. 자기장의 방향을 쉽게 알 수 있도록 설명해 볼게요.

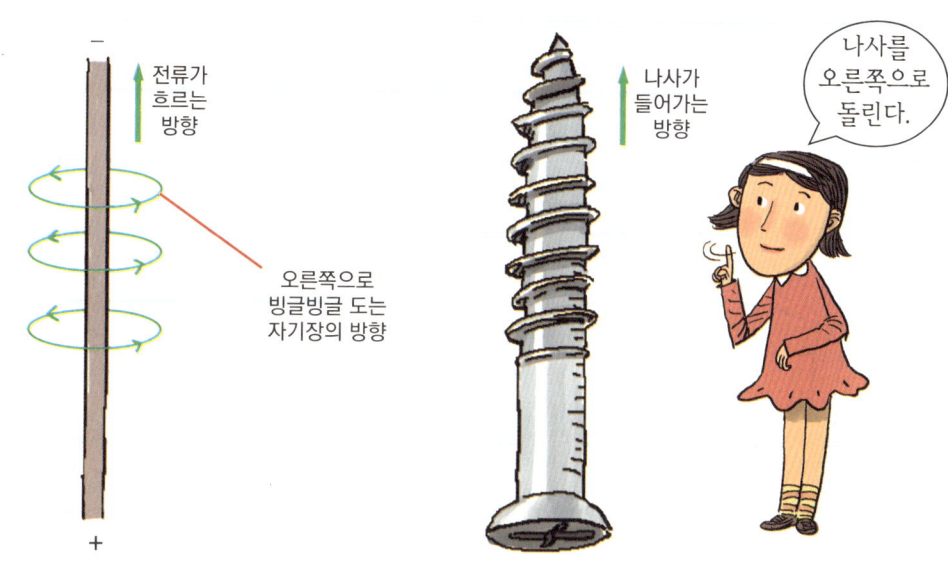

　나사는 드라이버로 돌려서 박는 못이에요. 대부분의 나사는 오른쪽으로 돌려야 하지요. 나사가 들어가는 방향을 전류가 흐르는 방향으로 생각했을 때, 고리 모양의 자기장은 나사를 돌리는 방향으로 생겨요. 그래서 과학자들은 이것을 '오른나사의 법칙'이라고 부르지요.

　자, 그럼 이번 질문의 답을 찾아보기로 해요. 전류의 방향과 자기장의 방향이 헷갈려서 머리가 빙글빙글 돌지도 모르니 차분하게 생각해야 해요.

　전류는 전선의 아래에서 위로 흐른다고 했어요. 자기장은 앞의 설명처럼 오른쪽으로 빙글빙글 도는 고리 모양으로 생기지요. 그러니까 자기장의 방향은 전선의 앞쪽과 뒤쪽에서 서로 반대가 되어요. 이

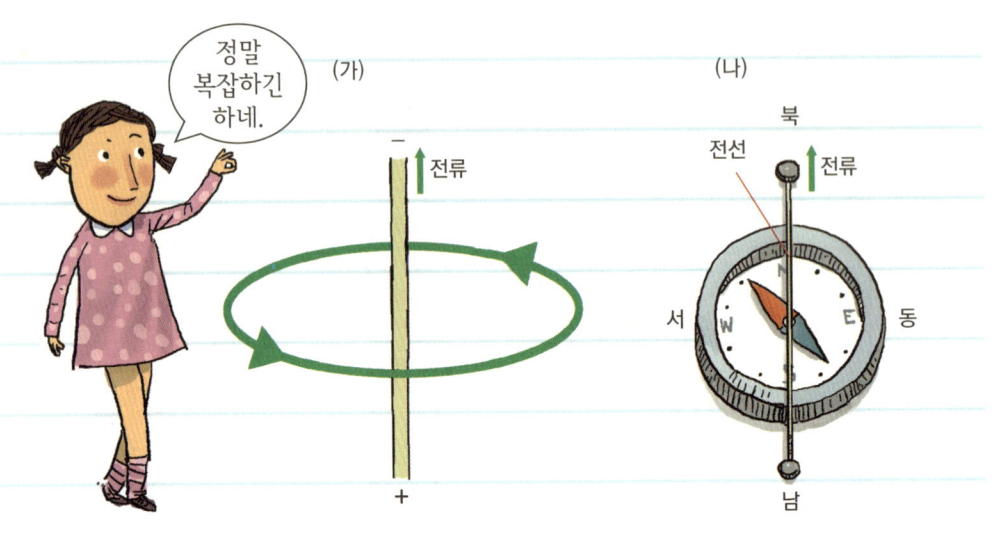

해하기 쉽도록 좀 더 크게 그린 다음 그림을 보며 생각해 보세요.

그림 (가)처럼 전선 앞쪽에서는 자기장이 왼쪽에서 오른쪽으로 흐르고, 전선 뒤쪽에서는 자기장이 오른쪽에서 왼쪽으로 흘러요. 질문에서는 나침반을 전선 뒤쪽에 놓았으니 이 전선에 의해 생기는 자기장은 그림 (나)처럼 오른쪽에서 왼쪽, 즉 동쪽에서 서쪽으로 흐르지요.

원래 나침반의 바늘은 남북을 가리켜야 해요. 그런데 전선이 만든 자기장의 힘을 받아 움직이게 되지요. 어느 쪽으로 움직일까요? 그림 (나)를 잘 보세요. 나침반의 바늘은 자기장에 나란히 서려고 해요. 이때 나침반의 N극이 자기장의 방향으로 움직이지요. 그래서 나침반의 N극이 서쪽(왼쪽)으로 기우는 거에요. 만일 나침반을 전선 앞쪽에 놓았다면 나침반 바늘은 오른쪽으로 돌 거예요.

자, 이제 전류가 흐르는 전선 근처에서 나침반 바늘이 움직이는 이유를 알게 되었을 거예요. 이번 질문의 답은 저절로 알겠지요?

● 전기로 만든 자석, 전자석

우리가 흔히 말하는 자석을 영구 자석이라고 해요. 그 자체로서 영원히 자석의 성질을 띠기 때문이지요. 앞에서도 알아본 것처럼 전선에 전류를 흘리면 자기장이 생겨요. 자기장이 생겼다는 것은 전선이 바로 자석이라는 뜻이에요. 이처럼 전기로 만든 자석을 '전자석'이라고 해요. 그럼 이번에는 막대자석과 같은 성질을 가진 전자석을 만들어 보기로 해요.

먼저 다음 쪽 그림 (가)처럼 전선을 고리 모양으로 만들고 전류를 흘려 봐요. 전선을 따라 고리 모양의 자기장이 생길 거예요. 전선의 고리 안쪽에 생기는 자기장의 방향은 왼쪽에서 오른쪽을 향해요. 이번에는 이 전선의 고리를 그림 (나)처럼 여러 번 만들어 보세요. 전선을 고리 모양으로 여러 번 감은 것을 '코일'이라고 해요.

코일의 고리 하나하나 때문에 생긴 자기장은 서로 겹쳐져서 길쭉

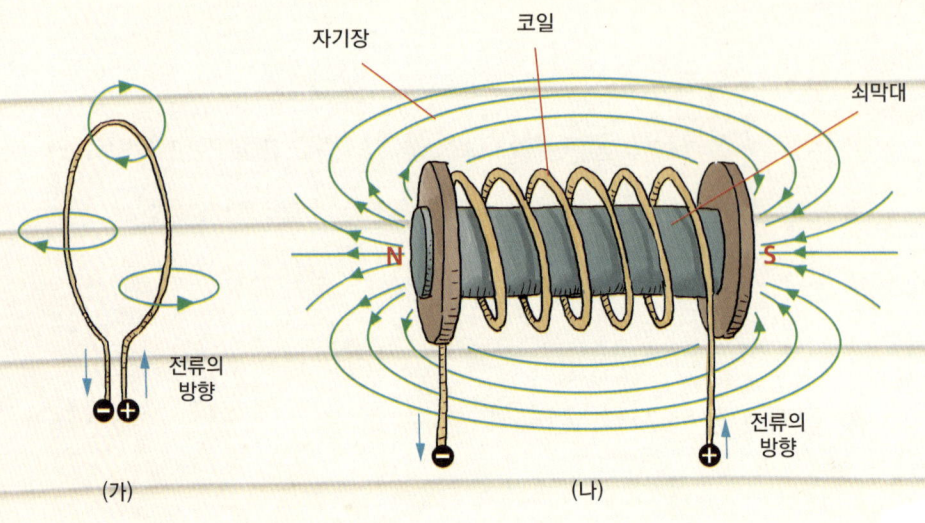

한 타원 모양의 자기장을 만들어요. 자, 어때요. 막대자석이 만든 자기장과 비슷하지 않아요?

전류를 흘린 코일은 그 자체로 자석의 성질을 갖습니다. 그런데 코일 가운데에 철을 꽂으면 철의 내부에 있던 자석 알갱이들이 일정한 방향으로 늘어서면서 더욱 센 자석이 되지요. 이렇게 만든 것이 바로 전자석이에요.

전자석은 영구 자석과 달리 세기를 마음대로 조절할 수 있어요. 그래서 우리 생활에 아주 많이 이용되고 있지요. 전자석을 세게 만들려면 코일을 많이 감아야 해요. 코일이 많을수록 자기장이 여러 겹으로 겹치기 때문에 더욱 세어지지요. 또 전류를 많이 흘릴수록 자기장이 세어져요.

전자석은 스위치를 이용해 자석의 성질을 만들고 지울 수가 있어요. 그래서 금속 캔을 분리할 때 이용할 수 있지요. 철 캔은 자석에 붙고 알루미늄 캔은 붙지 않아요. 고철 수집소에서는 전자석 기중기로 고철들을 옮기기도 해요.

이밖에 전자석이 이용되는 곳은 셀 수 없이 많아요. 전화기, 오디오, 텔레비전, 모터 등 우리 생활에 전자석이 없으면 아마 쓸 수 있는 전자 기기가 없을 거예요. 전자석을 이용해 전기를 만들 수 있어요.

전선에 전류를 흘리면 자기장이 생긴다고 했잖아요. 이와 반대로 전선 근처에서 자기장을 변화시키면 전선에 전류가 흘러요. 자기장을 어떻게 변화시킬까요? 전선 근처에서 자석을 움직이면 되지요. 발전기는 커다란 코일 안에서 영구자석을 돌려 전기를 만드는 장치예요.

코일 근처에서 막대자석을 움직이면 전선에 전류가 흐릅니다. 발전기는 이 원리를 이용해 전기를 만드는 장치예요.

10 불의 정체는 무엇일까?

연소와 소화

● 양초의 무엇이 타는 것일까?

전기가 귀하던 옛날에는 양초가 중요한 조명 기구였어요. 요즘에는 전등이나 형광등 같은 편리하고 밝은 조명 기구가 많기 때문에 양초를 쓸 때가 별로 없어요. 하지만 생일 케이크에 양초가 없으면 생일 분위기가 나지 않을 거예요. 또 촛불 집회 때도 양초가 없으면 아주 허전하지 않을까요?

옛날에는 쇠기름으로 양초를 만들었지요. 요즘에는 대부분 석유에서 뽑아낸 '파라핀'이라는 물질을 굳혀서 양초를 만들어요. 이때 양초의 가운데에 굵은 실을 넣어야 하지요. 이 굵은 실을 심지라고 하는데 양초에 불을 켤 때에는 이 심지에 불을 붙이는 거예요.

심지에는 불이 아주 잘 붙어요. 하지만 심지 없는 양초에는 불이 잘 붙지 않지요. 양초는 심지와 파라핀으로 이루어져 있는데 도대체 어느 것이 불에 타는 것일까요?

? 양초를 켤 때 심지에 불을 붙인다. 이때 타는 것은 파라핀일까, 아니면 심지일까?

① 파라핀이 타는 것이다.

② 심지가 타는 것이다.

● 촛불에서 나오는 것들

　세상의 모든 물질은 끊임없이 변해요. 각설탕을 부수면 설탕가루가 되고 찰흙반대기를 누르면 납작해져요. 하지만 가루가 되거나 납작해졌다고 해서 다른 물질이 된 것은 아니에요. 설탕가루도 설탕이고 납작한 찰흙반대기도 찰흙반대기예요. 설탕이나 찰흙반대기라는 물질은 바뀌지 않고 모양만 바뀐 것이지요.

　이번에는 나무가 탈 때를 생각해 봐요. 나무에 불을 붙이면 활활 타면서 결국 재만 남아요. 나무와 재는 전혀 다른 물질이에요. 중요한 연료인 석유와 석탄은 먼 옛날에 살던 생물들의 사체가 땅속에서 변해 만들어진 거예요. 생물의 몸과 석유 석탄은 전혀 다른 물질이지요.

　찰흙반대기를 누를 때처럼 모양만 바뀌는 것을 '물리 변화'라고 해요. 나무가 탈 때처럼 물질의 성분이 바뀌는 것을 '화학 변화'라고 하지요. 여러 화학 변화 중에서 이번에는 연소에 대해 알아보기로 해요.

　연소란 물질이 빛과 열을 내며 타는 것을 말해요. 빛과 열은 에너지예요. 그래서 무게가 없지요. 그런데 나무가 탔을 때를 생각해 봐요. 나무는 무거웠는데 나무가 타고 남은 재는 아주 가벼워요. 양초가 탔을 때는 재도 남지 않지요. 연소는 화학 변화이기 때문에 물질이 바

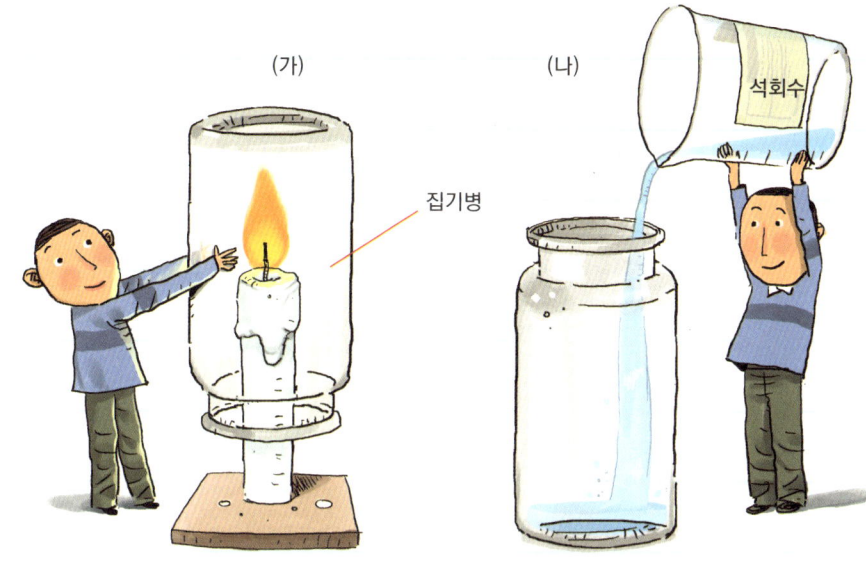

(가) (나) 집기병 석회수

뀌는 것이라고 했는데, 도대체 바뀐 물질은 어디로 간 것일까요?

그럼 사라진 물질을 찾아보기 위해 간단한 실험을 해 볼게요. 그림 (가)처럼 양초에 불을 붙이고 집기병을 거꾸로 덮어요. 잠시 후 집기병의 안쪽 벽면이 뿌옇게 흐려질 거예요. 그러면 촛불을 끄고 집기병 안쪽 벽면을 관찰해 봐요. 집기병 벽면에는 약간의 그을음과 작은 물방울들이 맺혀 있을 거예요. 그래서 집기병의 안쪽이 흐려진 것이지요.

그을음과 물방울은 양초가 타면서 만들어진 거예요. 집기병이 없었으면 아마 그을음과 물방울은 기체가 되어 공중으로 날아갔을 테지요.

이번에는 집기병을 똑바로 세우고 그 안에 촛불을 넣어 봐요. 10여 초가 지나면 촛불을 꺼낸 뒤, 그림 (나)처럼 집기병에 석회수를 부어

191

요. 석회수가 뿌옇게 흐려질 거예요. 그건 집기병 안에 이산화탄소가 들어 있었다는 뜻이지요.

그런데 이산화탄소는 갑자기 어디에서 나타난 것일까요? 바로 양초가 타면서 생긴 거예요. 이산화탄소는 공기보다 무거워요. 그래서 양초가 타면서 생긴 이산화탄소가 날아가지 않고 집기병 안에 가득 차게 된 것이지요.

자, 이 실험으로 양초가 타면 물과 이산화탄소가 생긴다는 것을 알았어요. 그을음은 양초가 미처 타지 못해 생긴 찌꺼기에 지나지 않지요. 이제 어느 정도 눈치 챘을 거예요. 양초가 연소하면 물과 이산화탄소로 바뀌어 공중으로 날아간다는 사실을 말이에요. 물론 물은 수증기의 형태로 날아가지요.

연소는 참 신기하기도 해요. 양초가 도대체 무엇이기에 물과 이산화탄소로 바뀔 수 있는 것일까요? 이제 그걸 알아보기로 해요.

● **물질은 원자로 만든 블록 끼우기**

우리는 '열을 가하면 왜 부피가 커질까?'에서 물질은 분자로 이루어져 있고, 분자는 원자로 이루어져 있다는 것을 배웠어요. 그런데 원자 하나하나는 마치 서로 끼워서 여러 가지 모양을 만드는 장난감 블록과 같아요. 블록은 이것과 저것을 끼워서 하나의 모양을 만들 수도 있고, 또 그 블록을 빼서 다른 모양을 만들 수 있지요.

블록을 끼우거나 뺄 때 우리가 일을 해야 하듯이 원자를 끼우거나 뺄 때에도 에너지가 필요해요. 그런데 원자라는 블록을 끼우거나 빼는 일은 우리가 아니라 자연이 하지요. 자연은 여러 가지 힘을 가지고 있어요. 자연의 힘은 수많은 원자를 끼워 새로운 물질을 만들기도 하고, 또 물질들의 원자를 빼서 흩어 놓기도 해요.

물론 요즘에는 기술이 발달해서 사람들이 원자들을 마음대로 다룰 수도 있어요. 불을 지르면 물질의 원자들이 흩어져 자연으로 돌아가지요. 공장에서는 원자들을 조립해서 여러 가지 새로운 물질을 만들기도 해요. 어쨌든 세상의 모든 물질은 원자라고 불리는 블록들로 이루어진 거예요.

양초를 이루는 주요 물질은 파라핀이에요. 파라핀은 탄소 원자와 수소 원자가 아주 복잡하게 이어져 만들어진 물질이지요. 그럼 양초가 불에 타서 어떻게 물과 이산화탄소가 생기는지 설명해 볼게요.

양초에 불을 붙이면 열이 나와요. 이 열이 양초를 이루는 블록인 수

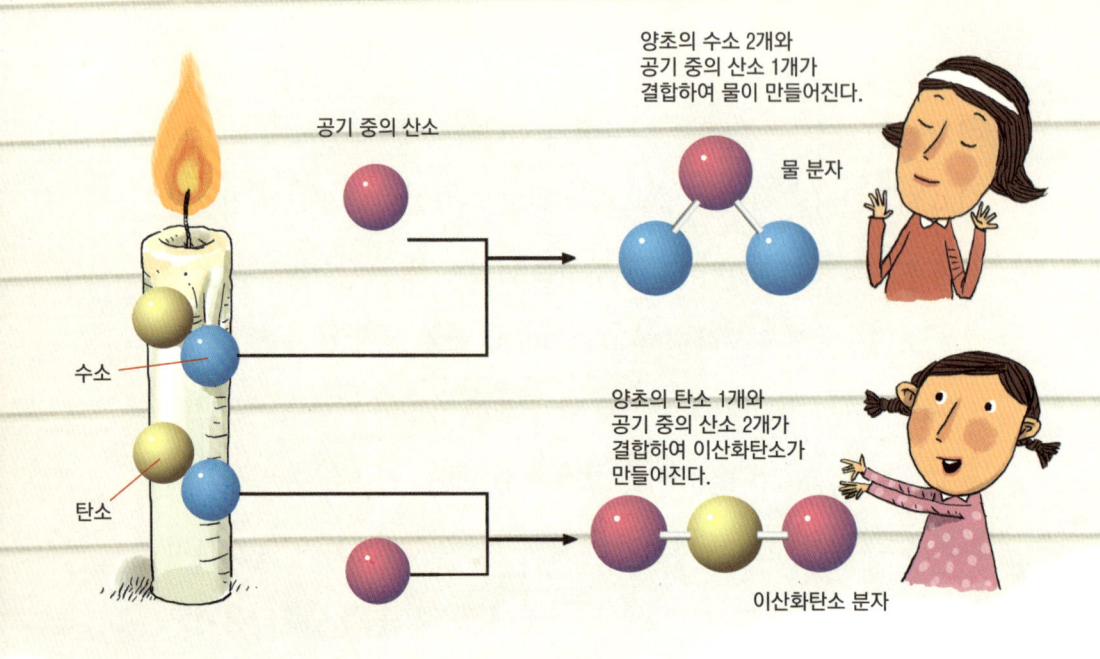

소와 탄소를 흩어 놓는 일을 하지요. 공기 중에는 산소가 아주 많아요. 산소 분자도 산소 원자 2개로 이루어져 있지요. 촛불 근처의 산소 분자도 열을 받아 산소 원자로 나뉘어요.

　이때 양초에서 떨어져 나온 수소 원자 2개와 공기 중의 산소 원자 2개가 다시 결합을 해요. 그래서 물 분자가 만들어지는 거예요. 또 양초에서 떨어져 나온 탄소 원자 1개와 공기 중의 산소 원자 2개가 결합해서 이산화탄소 분자가 만들어지지요. 촛불을 태웠을 때 집기병의 안쪽 벽에 달라붙은 물 분자와 집기병에 가득하게 생긴 이산화탄소는 바로 이런 방식으로 만들어진 거예요.

● 물질이 타려면?

책상은 나무로 만들어져 있고, 책상 위에는 양초도 있어요. 또 방안의 공기에는 산소도 충분히 있지요. 그런데 어째서 책상이나 양초가 저절로 타지 않는 것일까요? 물질에 불이 붙을 때에도 조건이 필요해요.

손바닥을 한번 비벼 보세요. 손바닥이 따뜻해질 거예요. 손바닥이 따뜻해진다는 것은 온도가 높아진다는 뜻이에요. 날씨가 춥다고 손바닥을 너무 세게, 그리고 많이 비비지 마세요. 너무 뜨거워져서 화상을 입을지도 모르니까요.

이번에는 나무 막대를 커다란 나무도막에 문질러 볼까요? 나무 막대를 빠르게 문지르면 연기가 피어오르며 탄내가 나요. 기술이 좋으면 불까지 붙일 수 있어요. 아주 옛날에 살던 원시인들은 이렇게 해서 불을 지폈대요. 나무 막대를 문지르면 온도가 올라가고, 온도가 어느 정도 높아지면 불이 붙는 거예요.

이제 어느 정도 짐작할 수 있겠지요? 물질을 태우려면 온도를 높여야 해요. 그런데 타는 온도는 물질마다 달라요. 어떤 물질은 그렇게 높지 않은 온도에서도 불이 붙는가 하면, 어떤 물체는 온도가 아주 높아야 불이 붙는 것이지요. 이처럼 물질에 불이 붙는 온도를 '발화점'

이라고 해요.

성냥의 머리와 나무 부분을 잘라 그림처럼 철판 위에 놓고 알코올 램프로 가열해 보세요. 철판의 온도가 점점 높아지면서 먼저 성냥 머리에 불이 붙어요. 성냥 머리를 이루는 물질의 발화점이 낮기 때문이에요. 성냥 나무는 발화점이 높기 때문에 철판이 더 뜨거워진 뒤 불이 붙지요.

이번에는 집기병으로 촛불을 덮어 봐요. 잠시 후 촛불이 저절로 꺼질 거예요. 양초는 아직 다 타지 않았는데 왜 촛불이 꺼진 것일까요? 앞에서 우리는 양초가 타는 동안 양초의 수소와 탄소가 공기 중의 산소와 결합하여 물과 이산화탄소가 만들어진다는 것을 배웠어요. 그런데 양초는 충분하지만 공기 중의 산소는 충분하지 못해요. 집기병

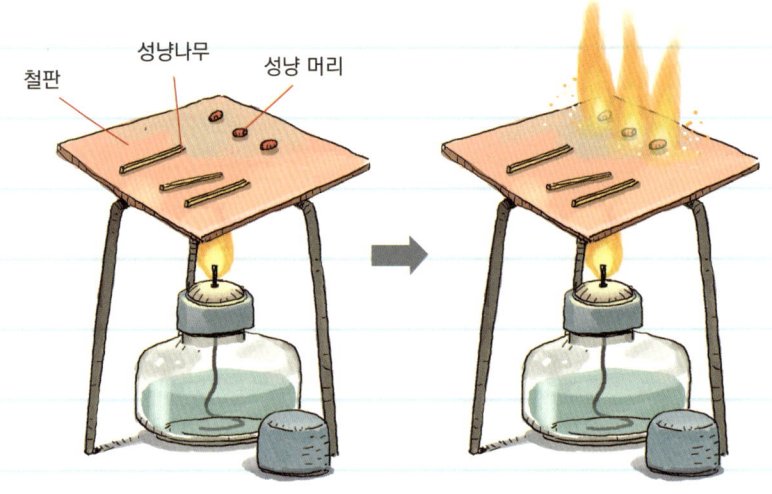

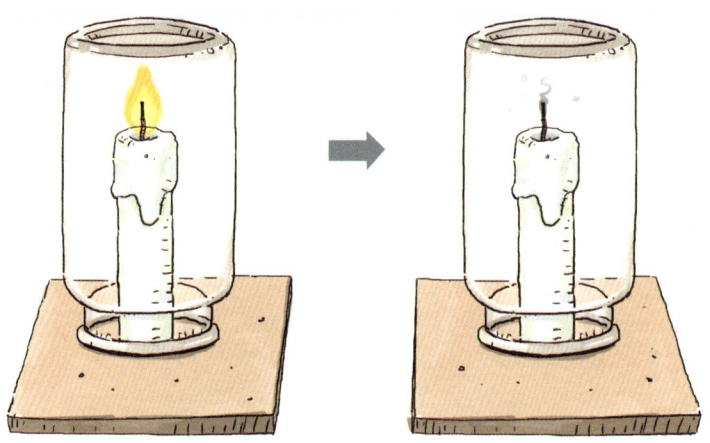

　으로 덮었기 때문에 주변의 공기로부터 산소가 공급되지 못하기 때문이지요.

　그럼 지금까지 알아본 것을 정리해 볼게요. 연소에 가장 필요한 것은 물질이에요. 뭔가 탈 것이 있어야 불이 붙지 않겠어요? 또 물질의 온도를 발화점 이상으로 높여야 해요. 그리고 마지막으로 산소가 충분히 공급되어야 하지요. 이 세 가지가 바로 연소에 필요한 조건이에요.

　연소의 반대는 '소화'라고 해요. 여기에서 소화는 음식을 먹고 소화시킨다는 뜻이 아니라 불을 끈다는 뜻이에요. 연소의 세 가지 조건을 이해하고 있으면 어떻게 하면 불을 끌 수 있는지 금세 알 수 있지요. 탈 수 있는 물질을 없애고, 온도를 발화점 아래로 낮추고, 산소의 공급을 막으면 되는 거예요.

집기병으로 촛불을 덮는 것은 산소의 공급을 막는 거예요. 또 불이 났을 때 물을 끼얹으면 발화점이 낮아지기 때문에 불이 꺼지지요. 혹시 산불이 났을 때 불길이 번지는 곳에 맞불을 놓는다는 사실을 아세요? 맞불을 놓아 미리 나무를 태우면 더 이상 탈 나무가 없어서 산불이 번지지 못해요.

● 양초의 연소 과정

자, 이제 물질이 타는 과정을 모두 알아보았어요. 그럼 이번 질문의 답을 찾아보기로 해요. 이미 답을 눈치 챘겠지만 말이에요.

양초에 불을 붙이려면 먼저 성냥을 켜서 심지에 불을 붙여야 해요. 성냥 머리는 발화점이 낮기 때문에 거친 면에 문지르기만 하면 금세 불이 붙어요. 성냥 머리에 불이 붙으면 온도가 아주 높아져서 성냥 나무에도 불이 붙지요. 이제 성냥불을 양초의 심지에 갖다 대면 심지에도 불이 붙어요. 그런데 양초에 심지가 왜 필요한 것일까요?

물론 심지가 없어도 양초를 태울 수 있어요. 정말 그런지 한 가지 실험을 해 볼게요. 그림처럼 촛불의 심지 근처에 유리관을 찔러 넣어

요. 잠시 후 유리관의 반대쪽 끝에 불을 붙여 보세요. 심지에서 멀리 떨어져 있는데도 불이 붙을 거예요. 유리관이 타는 것을 아닐 텐데, 도대체 무엇이 타는 것일까요?

심지에 불이 붙으면 온도가 높아져요. 그때 나오는 열 때문에 심지 근처의 양초가 녹지요. 녹은 양초는 액체이기 때문에 심지를 따라 올라가요. 그리고 심지의 뜨거운 열기 때문에 증기가 되지요. 심지 근처에는 양초의 증기가 가득한 거예요.

양초의 증기를 볼 수도 있어요. 촛불을 훅 불어 끄면 심지에서 하얀 연기가 피어올라요. 그 연기가 사라지기 전에 다시 불을 붙여 봐요. 아마 금세 불이 붙을 거예요. 그 연기는 증기가 불에 잘 붙기 때문이에요. 그 연기는 바로 양초의 증기예요.

실험에서 유리관으로 뽑아낸 것도 양초의 증기예요. 그 양초의 증기가 유리관의 끝에서 불붙고 있는 것이지요. 어때요. 심지가 없어도 양초를 태울 수 있다는 것을 알 수 있겠지요? 여기에서 알 수 있듯이 양초가 타려면 먼저 증기가 되어야 해요. 증기가 되려면 당연히 온도가 높아야 하지요. 양초의 심지는 바로 그 역할을 하는 거예요.

이제 질문의 답이 눈에 보이겠지요? 양초는 파라핀으로 이루어져 있으며, 불이 붙는 것도 바로 파라핀이에요. 그런데 파라핀에 직접 불을 붙일 수 없으니 심지의 도움이 필요해요. 심지는 태우려고 만든 것이 아니지요.

이번 생일에는 양초에 불을 붙이며 이런 과정들을 머릿속에 그려 봐요. 생일 파티에 참석한 친구들에게 촛불의 연소에 대해 설명해 준다면, 더욱 멋진 생일이 될 거예요.